启真馆 出品

启真

Enlightment

2

王志毅 主编

专题 / 个人主义

浙江大学出版社
ZHEJIANG UNIVERSITY PRESS

图书在版编目（CIP）数据

启真.2/ 王志毅主编 . -- 杭州：浙江大学出版社，
2012.11
ISBN 978-7-308-10804-1

I.①启… II.①王… III.①社会科学－文集②人文
科学－文集 IV.①C53

中国版本图书馆 CIP 数据核字 (2012) 第 267130 号

启真 2

王志毅　主编

责任编辑	叶　敏	
装帧设计	罗　洪	
出版发行	浙江大学出版社	
	（杭州天目山路 148 号　邮政编码 310007）	
	（网址：http:// www.zjupress.com）	
制　　作	北京百川东汇文化传播有限公司	
印　　刷	北京中科印刷有限公司	
开　　本	635mm×965mm　1/16	
印　　张	12.5	
字　　数	138 千	
版 印 次	2012年11月第1版　2012年11月第1次印刷	
书　　号	ISBN 978-7-308-10804-1	
定　　价	29.00元	

目录

1

终，历经新英格兰的超验主义和社会改革运动、西部扩张和废奴运动、美国内战和战后的工业化进程，可以说他是现代美国文明深刻变迁和形成历史的亲历者，而爱默森思想发展的脉络也与美国现代社会与文化所经历的一系列嬗变相互映照。此外，作为美国当时最为著名的文人和讲演家，新英格兰超验主义运动的倡导者，波士顿"超验主义俱乐部"的成员以及同仁刊物《日晷》（The Dial）的主编，爱默森与当时美国重要的文学与思想人物都有密切的关系和交流。与爱默森有来往和思想交锋（甚至是有姻亲关系）的新英格兰知识分子包括像女权主义者、《十九世纪中的妇女》一书作者玛格丽特·富勒（Margaret Fuller），率先在美国介绍科勒律治和德国唯心主义和浪漫主义哲学的詹姆斯·马什（James Marsh）和乔治·瑞卜莱（George Ripley，后者是著名的乌托邦"布鲁克农庄"的创始人），当时清教的主要反对流派"统一神教"（Unitarianism）的代表威廉·厄勒里·钱宁（William Ellery Channing），还包括在美国鼓吹傅立叶空想社会主义的阿尔伯特·布里斯班（Albert Brisbane），以及新英格兰改革运动的积极人物如俄·布朗森（Orestes Brownson）、布·阿尔科特（Amos Bronson Alcott）等。在他居住的波士顿郊外小城康科德，还住着美国作家霍桑，而梭罗在哈佛大学毕业后，有相当一段时间也居住在此，并受雇照看爱默森的田庄。由于来自一个传统的，甚至可以说是"蓝血"的清教牧师家族且本人也曾担任牧师职务，爱默森与当时许多保守正统的波士顿主流文化宗教人物也不陌生，其中最为著名的当属爱默森曾经的同事，后担任哈佛大学神学教授的亨利·维尔（Henry Ware），以新英格兰保守宗教的重要领袖，曾愤怒地指责爱默森为"无神论者"的安德鲁·诺顿（Andrew

3

Norton）。我们当然还应该提到直接受到爱默森影响的美国作家（最著名的如惠特曼和麦尔维尔），但是这个名单实在太长了。我一一列出这些人物的目的是为了说明爱默森不仅仅是一个作家，也许更加值得我们注意的是他在美国文化和思想史上的"存在"（presence）——如果我们把19世纪美国重要的知识分子组成一个网络，那么爱默森应该是这个网络中的一个极其重要和关键的结点。因此，从这个角度而言，研究爱默森可以帮助我们勾勒和认识19世纪以来美国文化和文学思想的发展历程。

要了解爱默森的思想，也许应该对其人略知一二。爱默森的祖上是来自英格兰，因受到劳德主教（Archbishop Laud）的宗教迫害而迁移到北美的清教徒。爱默森的先祖托马斯1635年定居在麻省的伊普斯维奇；他的职业是一名农夫和面包师。他的儿子约瑟夫·爱默森成为了一名牧师，之后除有一人从商之外，直到19世纪初，每一代爱默森家族的男性后嗣都有人成为牧师；通过职业交往以及相互联姻，爱默森家族成为了一个从事宗教事业的传统家族，他们受到了良好的教育，颇有地位，虽然不一定富裕。爱默森的父亲威廉·爱默森也是一名牧师（任职于著名的波士顿第一教堂）；爱默森1803年出生于波士顿，在六个孩子中排行第四。[2] 但在爱默森年仅8岁时，父亲威廉就因病亡故。父亲去世之后，爱默森的家庭陷于贫困，母亲将住家改为一间旅店维持生计，而他的姑姑玛丽·穆迪·爱默森（Mary Moody Emerson）也来到波士顿帮助养育爱默森和其他的孩子。姑姑玛丽的出现是爱默森生活中一个极其关键的事件；因为她对于爱默森的影响之大丝毫不亚于他就读的哈佛大学。玛丽·爱默森大概属于那时比较特殊，但在19世纪时又不少见的一个女性群体。她是一个近

爱默森的个人主义

毛亮

爱默森的生平

拉尔夫·沃尔多·爱默森（Ralph Waldo Emerson，1803—1882）是美国最重要的文学家之一；同时，他也是现代美国文明的一位奠基性的思想家。约翰·杜威曾在一篇纪念性的文章中称爱默森为"民主的哲学家"；而爱默森的个人主义哲学被哈罗德·布鲁姆称为"现代美国的宗教"，是一部世俗化的福音书和理解美国的钥匙。[1]爱默森对于美国文学的影响巨大：他的散文作品在语言上和思想上都极具特色和穿透力，在英语散文传统中居重要的地位；而更为重要的是，他在主题和理念的层面上对美国文学的成熟和兴起做了奠基性的工作。爱默森虽然植根于19世纪的新英格兰文化，但是他的思想却超越了其处境的地域性，而成为今天被人们公认的，对于美国民主制度最有见地的阐释者和批评家之一。此外，研究爱默森的价值不仅在于对一位经典作家和作品的解读理解。爱默森的一生几乎与19世纪相始

19世纪50年代的爱默森

乎狂热的加尔文宗教徒，因为终生未婚，就和哥哥的家庭生活在一起。由于闲暇的时间比一般的已婚妇女为多，像玛丽·爱默森这样的"老姑娘"有时间进行大量的阅读，最终往往变得相当博学。玛丽·爱默森就是这样一个虔诚的、自学成才的神学家，她言辞锋利，思想敏锐。此外，玛丽·爱默森也是一个充满传奇般怪僻的，仿佛"狄更斯笔下的"有声有色的人物（她身上似乎有着爱弥丽·迪金森的影子，其实，迪金森就其生活经历而言，也属于这样一个19世纪的"老姑娘"群体）：她的睡床被做成了一个棺材的形状；而在旅行时，她外衣里面总是穿着早就为自己准备好的尸衣——清教教义中那些关于上帝永不可知的意志，末日审判和死亡等等带有阴郁色彩的观念在她那里变成了生活中生动具体的细节。玛丽·爱默森同时也是一个精力充沛，意志坚强的人；她不厌其烦地亲身或通过书信仔细地训导培养爱默森的宗教情感和阅读。此外，她本人是一个饱学之士，读过的作家既有像塞缪尔·克拉克、J.爱德华兹和巴特勒主教、杨格、弥尔顿等这样的神学家，也有像莎士比亚、柏拉图、普罗提诺（此人对于爱默森影响甚大）、西塞罗、奥勒留、科勒律治（后来对爱默森影响巨大）、库桑、赫尔德、洛克、歌德（对爱默森影响最大的文学家）、卢梭、斯宾诺莎、拜伦等看起来颇为"离经叛道"的作家。尽管她熟悉这些古典和启蒙之后的思想家，但在宗教情感上，却保留了第一代清教徒严肃的激情甚至是固执的虔诚，比如，她对于哥哥威廉·爱默森的统一神教信仰就颇不以为然。[3]爱默森在入读哈佛大学之前，就是在这样一位姑姑的羽翼之下成长；因为有了玛丽的影响，我们不难理解为什么即使在离弃了宗教信仰之后的爱默森，一生对于清教信仰中超验的虔诚情感和严

5

肃古板的原则性都抱有一种发自内心的尊敬和同情。

　　1817 年，爱默森 14 岁时进入哈佛学院读书。爱默森在哈佛的几年中，虽然阅读广泛，但是成绩平平。他的生活依旧十分拮据，一般的哈佛学生一年的花费在 600 美元左右，而爱默森 4 年的花费也没有超过 300 美元。当时统治哈佛的哲学思想是洛克的经验主义，苏格兰常识哲学和道德情操派伦理学；修辞学（相当于现在的文学课程）使用的课本是休伊·布莱尔（Hugh Blair）撰写的，非常讲究严格有步骤的推理论述。宗教方面，虽然波士顿的安多佛神学院（The Andover Seminary）仍然是加尔文宗的重镇，但是哈佛已经被统一神教的人物占领。自认为"开明"的统一神教重视宗教的道德意义以及人的理性，试图在保留教会、人格化上帝和《圣经》真实性的前提下，调和基督教和启蒙思想之间的对立。爱默森当时也信奉统一神教，认同宗教的存在依赖于教会，而教会的合法性离不开对于《圣经》和神迹真实性的绝对信仰。我们可以看到，爱默森后来的思想发展和文学创作完全地颠覆了他在哈佛受到的教育。此外，值得我们注意的是他这个时期对于 17 世纪英国文学和思想的深入阅读，尤其是培根和弥尔顿，还有包括莎士比亚，形而上学派诗人以及 17 世纪剑桥柏拉图主义者（the Cambridge Platonists）等。培根的《第一哲学》（*Prima Philosophia*）中讨论到的，作为一切科学和人类知识根源的"第一哲学"观念比较早地激发了爱默森的形而上学想象，虽然真正在方法上启发爱默森的是他后来读到的科勒律治和柏拉图主义的书籍。17 世纪形而上学派诗人的语言，尤其是比喻的使用，和他们擅长的将抽象的观念与具体的物象以象征的方法相互结合的创作手法对爱默森后来的散文写作产生了重大影响。[4] 大学毕业之后的爱默森，如同当时许多哈佛的学生，开始时在哥哥威廉开办的女子学校里做了几年的教师。可能由于工作的乏味或性格的原因（爱默森此时已经在日记中抱怨自己性格中缺乏热烈的情感；这种偏冷的个性是爱默森一生需要面对的问题之一），也许是家族传统的影响，1825 年，爱默森决定进入哈佛大学神学院学习以担任牧师职务；与此同时，哥哥威廉远赴德国学习当时开始兴起的圣经批评（Higher Criticism）——后来，威廉回国之后宣扬的，对于宗教的怀疑态度对爱默森的思想也产生了相当大的冲击。1829 年，刚刚从哈佛神学院毕业的爱默森便担任了波士顿第二教堂助理牧师的职务。波士顿第二教堂历史悠久，声望极高；新英格兰最著名的神学家科顿·马瑟（Cotton Mather）就曾是这个教堂的牧师。若非新英格兰传统牧师家族的背景，爱默森大概根本不可能得到这个职务。当时担任牧师的是后来受邀任哈佛大学神学教授，统一神教的重要代表亨利·维尔。波士顿第二教堂的牧师职务不仅在波士顿主流社会中享有很高的地位，而且报酬也非常丰厚；1800 美元的年薪（还不含其他额外的职务收入）比10 年之后哈佛大学正教授的工资还要多。很快，爱默森便和波士顿一个富有的名门之女艾伦·特克（Allen Tucker）结婚，同年还担任了麻省州参议院的牧师（他父亲曾但任过的荣誉职务），并被选为波士顿学区委员会的委员。这个曾经贫困的，26 岁的年轻人就此顺利平稳地进入了波士顿主流社会；如果没有意外的话，爱默森将注定成为波士顿上层社会精英群体中一个舒舒服服的终生成员。[5]

可是，就在短短三年之后的 1832 年，爱默森便主动辞去了波士顿第二教堂的牧师职务（此时，亨利·维尔已经去哈佛任教，爱默森是正职牧师）；辞职的理由对于当时的人们来说简直有些不可思议：爱默森声称他无法再继续主持每周的圣餐仪式，因为它是一种完全的"迷信"（根据基督教圣餐变体论，牧师祝祷后的面包和酒就转化为耶稣的圣体和血），也不符合基督教的精神。如果爱默森的理由本身已经有些骇闻，从功利的角度讲，当时许多牧师即使不相信某些宗教仪式的真实性，也未必就会因此辞去神职，何况是如此令人艳羡的职位。但是，对于爱默森而言，他所坚持的原则是"一个牧师对在其职务中所主持的任何宗教仪式，自己首先应该全身心地相信"；一旦不能如此，就应该放弃神职——从爱默森这些言辞中所表现出来的，对于宗教信仰必须要有高度虔诚的要求，我们不难看出姑姑玛丽的影响。[6] 如果爱默森的辞职还可能被人认为是某种"短暂的疯狂"，那么接下来发生的事情便是一发而不可收拾。1838 年，爱默森受邀回到哈佛神学院，为即将走上神职的毕业班学生发表演说；这就是爱默森演说中足以与《论美国学者》相提并论的《哈佛神学院演讲》。在这篇"声名远扬"的演说中，爱默森在新英格兰最重要的基督教讲坛上，断然否定了基督教赖以存在的几个根本性的信仰——爱默森否认了上帝的人格化，否认了耶稣的神性，也同时否认了一切神迹的真实性；他转而论述"个体的无限性"（后来，他称之为自己一生唯一的"信仰"），论述只存在于人内心和意识中的上帝，宣称需要用一种道德文化的基督教（Cultus）来取代迷信（Mythus）的传统基督教。[7] 这篇演说在波士顿引起轩然大波，哈佛大学决定禁止爱默森在校园任何地方公开演说（此禁令延续了 29 年）。爱默森的超验主义同仁们对其交口称赞，而在清教重镇安多佛神学院尚未反应之时，自认开明的统一神教牧师们已经无法忍受了。在众多群起驳斥爱默森的文章中，最为重头的有两篇：一篇是他以前的同事，时任哈佛大学神学教授的亨利·维尔写的布道文《上帝的人格化》，该文章指出如果否定一个"慈父般上帝"的存在，就会毁灭一切道德的基础。而另一篇是波士顿最重要的保守派宗教和文化人物安德鲁·诺顿所作，他的文章直接指称爱默森为一个"无神论"者（这在当时大概是最严重的一种"判决"）。[8] 其实，诺顿的看法可谓是一针见血，就像乔纳森·毕晓普在一篇文章中指出的，当爱默森否定了神迹的真实性和上帝的人格化之后，那么留给他的选择只有两个：一是完全否定上帝存在（即无神论）；二是将上帝纳入人的主体性之中（如爱默森所为），而这样做从根本上否定了人与上帝的绝对差异，这不过是另一版本的无神论而已。[9] 爱默森与基督教的关系，在爱默森研究中，是一个很难扯清楚的话题；而且，从爱默森的文本中，我们也无从判断他是否在《神学院演讲》中已经打算彻底颠覆基督教信仰，代之以他的"个人主义形而上学"。从历史和情感因素判断，这种推测似乎显得过于极端，因为爱默森哲学思想真正形成还要等到他 1841 年出版的《散文一集》以后。然而，无论结论为何，爱默森与传统基督教（清教或是他早期信奉的统一神教）的分离已是不可避免。虽然在他后来的著作中，我们仍常常发现"上帝"这个词，但是，它的含义基本类似于柏拉图哲学理念论中的"神"或普罗提诺哲学中的"宇宙灵魂"（the World-Soul）；事实上，"上帝"在爱默森散文中与"灵魂"、"理性"、"理念"、"源初的唯一"、"道德"或"至善"是同义词。而且，我们也注意到，在发表了《神学院演讲》之后，爱默森很快辞去了他所担任的最后一个教会职务（1839 年），终其一生再没有上过讲坛布道。我们有理由认为在 1839 年前后，爱默森开始了他从"神学"到"哲学"的根本转变。如果说这个转变在爱默森 1836 年出版的《自然》中还只是显露端倪，那么到此时其脉络和未来的方向已经非常清确了。

如果我们将爱默森的决定放在 1830—1840 年间超验主义运动全面兴起的思想环境中，他的一系列选择其实并不那么突然。受到德国唯心主义影响和圣经批评的新英格兰知识分子从 1826 年起就已经开始积极地发表自己的主张；詹姆斯·马什编辑出版了科勒律治的《思维之助》(Aids to Reflection) 一书，并为之撰写了一篇影响巨大的序言，而其他的超验主义者像乔治·瑞卜莱、F. 赫奇 (Frederic Hedge，曾长期在德国受教育)、桑普逊·里德 (Sampson Reed)、西奥多·帕克 (Theodore Parker) 等已经开始频繁地介绍德国唯心主义哲学和宗教理论，以及德国哲学在英国的两个信徒科勒律治和卡莱尔的作品，作为全面颠覆当时统治新英格兰思想界的两个传统——洛克经验主义和苏格兰常识哲学 (Scottish Common Sense Philosophy)——以及主导新英格兰宗教界的统一神教的武器。[10] 对于这些超验主义者来说，统一神教已经替他们完成了一半的工作，即消除清教在新英格兰的势力和影响；到 19 世纪上半叶，清教的基本信条（如原罪、命定论和上帝意志的绝对不可知论等）已经为大多数人所摈弃。受到启蒙影响的知识分子不认同清教对于理性的种种限制；而清教为信仰和生活设定的那些虔诚和严肃的戒律也不招普通百姓和工商业阶层的喜欢。但是在超验主义者看来，统一神教自身也渐渐地变成了一种保守世故，缺乏真正精神性的宗教。统一神教的确提升了理性和道德在宗教中的作用，但是却又固守着一些已经被 19 世纪科学和思想质疑的，僵化的宗教教条。对于这些教条和教会权威的坚持使得统一神教被新英格兰的主流社会接受；但是在超验主义者眼中，统一神教的教条（比如人格化上帝和神迹的问题）与它对于理性的宣扬从本质上讲是相互矛盾的，而且统一神教对于理性的理解基本上遵从洛克的经验主义哲学，将人的精神和意识活动严格限制在时空范畴之内的感觉和经验层面，而对于任何超越经验框架的理念都抱有很深的怀疑。正是在这样的背景之下，加上哥哥威廉从德国舶来的圣经批评理论，爱默森的思想发展使得他逐渐放弃了在哈佛就读时所接受的一整套宗教，哲学和文学理论；而从小受到姑姑玛丽影响的爱默森，对于精神世界的原则性的坚持（"原则"大概是爱默森文本中最常见的一个词汇）使得他在追求哲学信仰与日常生活一致性方面比别人更加坚决。

爱默森在脱离了基督教会之后，很快就搬迁到波士顿郊外的一个小城康科德居住，此后基本一直住在此地直到去世，期间只是短暂地去过两次欧洲。爱默森对于欧洲的艺术和文化一直没有什么好感，其根本原因，如小说家亨利·詹姆斯所说，是他在这个方面有着一种惊人的迟钝和地域偏见（詹姆斯曾经陪同爱默森游览卢浮宫，结果败兴而归）。这是被美国批评家热情赞扬的，爱默森的所谓"美国主义和美国意识"中不应该被忽略的一个问题。爱默森的第一个妻子艾伦由于患上肺结核，在1831年她年仅19岁时便死去了，但是她留下的大约两万美元的遗产使没有了神职的爱默森生活上虽不宽裕，但也能够衣食无忧；几年之后，爱默森与莉迪娅·杰克逊结婚，此后育有两个女儿和两个儿子（其中长子沃尔多5岁时夭折）。虽然放弃了神职也无法进入大学执教，但是19世纪美国社会发展中出现的一个新的文化现象给了爱默森难得的机会，使他既能够获得足够的收入也能够在美国的东部和中西部城市中阐说他的文化和哲学思想——这就是当时兴起的"公共讲坛"(public lyceum)。尤其是在新英格兰地区（后又流行到许多其他城市），大量的市民会购买门票（价钱从25美分到1美元不等）去不同的公共场所聆听关于新的知识和思想的公开讲演。爱默森在大学时受过的修辞和演说训练使得他很快就成为一个公共讲学的明星，而他演讲的题目包括自然科学、地质学，一直到文学伦理宗教历史等。爱默森许多重要的散文（比如《散文一集》中标志性的"自我依赖"一文）都改写自他的公共演讲稿。爱默森写作的基本模式就是把每天的阅读和思想日记汇集成为公共的演说稿，最后再修改形成正式发表的散文集。在康科德的大概半个世纪的时间里，爱默森的生活从外表看甚为平静，读书，翻译，外出演说，写作以及在1840—1844年中与玛格丽特·富勒合作编辑超验主义运动的核心刊物《日晷》；但是书斋中的爱默森对期间美国和欧洲在政治，历史和文化生活中发生的变迁始终抱有极大的关注。他与卡莱尔保持了数十年的通信往来和思想交流，与当时其他重要的新英格兰知识分子也保持密切的来往。然而，爱默森对于个人主义哲学的理解和坚持却又使他对于那些试图通过社会动员和集体行动方式改变社会的，形形色色的新英格兰改革运动深怀疑虑，并且小心翼翼地保持着距离。这是爱默森思想中一个极具矛盾的部分——爱默森坚信个人主义应该成为改变社会，完善美国民主制度的公共哲学，但是对于任何具体的社会改革则表示出相当程度的不信任。比如，他拒绝参与乔治·瑞卜莱倡导的，著名的乌托邦社会布鲁克农庄；爱默森虽然给予了一些资助，但是他的理由是这个农庄有可能会给他的投资带来可观的回报（显然，这是一个愚蠢的计算）。[11] 即使对于当时的废奴运动，爱默森虽然在思想上极其赞同，并且十分同情因为暴动而被处死的约翰·布朗，可是与许多新英格兰知识分子不同，他迟迟没有参与废奴运动。直到 1850 年，他曾十分尊敬的麻省参议员丹尼尔·韦伯斯特（Daniel Webster）为了缓和南北矛盾而支持亨利·克莱（Henry Clay）的妥协案（法案中包括激起北方各自由州极大反弹的《逃亡奴隶法》），爱默森才第一次公开就奴隶制问题发表公开演说，但是这篇其实非常精彩的演讲却被听众不停的起哄声打断，因为人们认为爱默森此时才公开表态实在是太迟了。[12] 内战期间，爱默森强烈地表示对于林肯和联邦政府的支持，但是却不是一个活跃的参与者。爱默森的个人主义哲学由于其对于社会和政府的独立批评意识，由于其对于个人价值，自由和道德原则的肯定，在理念上成为 19 世纪以及 20 世纪美国抗议运动的重要思想资源；可是，现实生活中的爱默森却又可以基于个人主义的理念对于一切社会性行为和社会联合表现出非常保守的姿态。这是爱默森个人主义哲学中的一个非常有趣，也非常重要的悖论。

　　1836—1860 年是爱默森的创作高峰期，除了诗歌和翻译作品（如但丁的《新生》），爱默森连续出版了《自然》（*Nature*），《散文一集》（*Essays: First Series*），《散文二集》（*Essays: Second Series*），《代表性人物》（*Representative Men*），《英国游记》（*English Traits*）和《生活的准则》（*The Conduct of Life*）。这些作品构成了爱默森文学成就的主体。F. O. 马蒂森（F. O. Matthiessen）在其巨著《美国的文艺复兴》（*American Renaissance*）一书中，将美国文学传统起源的时间界定为 1850 年到 1860 年的黄金 10 年；

爱默森 1844 年 10 月 18 日写给他出版商门罗
（James Munroe）的信，并有把《散文二集》送
给他朋友们的指示。

而爱默森的创作和思想活动的高峰期要早于此。在某种意义上，他和其他的超验主义者成为美国文学兴起的先驱和向导。内战之后的爱默森在文学和思想方面的活力明显不如内战之前，且其思想也趋于保守。那个曾经斥责"社会乃是一个谋害人格和个性的阴谋"的年轻人渐渐地被一个相信美国的"昭昭天命"（America's Manifest Destiny），崇尚成功与力量，稳健乐观的老人所代替，尽管这种乐观在 19 世纪后半叶的美国实际上显得越来越虚幻和空洞。与此同时，美国的主流社会也给予了这位以往的叛逆者各种各样的荣誉。因为《神学院讲演》而禁止爱默森

在校园公开演说的哈佛大学也取消了这个长达29年的禁令，于1867年授予爱默森名誉博士并选他为哈佛校董。后来，爱默森又当选为刚成立的美国人文科学学院的第一届院士，甚至还受邀参与修订美国陆军军官学校（既西点军校）的校规。1875年后，因为智力和记忆力衰退，爱默森结束了一生的写作，直至1882病逝于康科德。在他去世之后相当一段时间内，在像帕灵顿（Vernon Parrington）和范·维克·布鲁克斯（Van Wyck Brooks）这样的美国本土色彩浓厚的评论家笔下，爱默森成为美国民主文化和本土意识的发轫者，一个乐观积极，稳居主流地位的"美国智者"（an American Sage）。这样的评论也不能说错，但是它们似乎遗忘了那个曾因为原则和信仰自愿放弃财富和主流地位的爱默森，忘了那个倡导独立思考和主张坚决持异见的爱默森，忘了那个惯于称美国民主为"暴民政治"的爱默森，以及那个曾彷徨纠结于命运与自由，理念与现实之间无休止的循环与冲突的年轻哲学家。也许，我们不应该拿当代爱默森研究的结论来苛求以往评论家的片面，因为今天的爱默森研究也未必能够给予我们一个所谓"真实的爱默森"。换言之，爱默森的价值恰恰存在于他作品中那些循环往复，无法解决的冲突和矛盾之中；这些冲突矛盾才最真实地反映了他对于美国民主社会的观察和洞见。如果说美国民主的历程从根本上讲就是一个永恒矛盾的展开，如果说个人与社会，平等与自由，力量与道德的冲突与联系必然始终内在于这个制度本身，那么理解现代美国文明的过程也就是一个不断理解、解读和重读爱默森的过程。

爱默森 1879 年 3 月 16 日致黑尔（Edward Everett Hale）谈哈佛的信。选自 *Booklover's Magazine*，1903。

作为"第一哲学"（或形而上学）的个人主义

一般的读者比较倾向于关注爱默森的伦理和文化思想，或认为爱默森作品的主题是关于个人与美国社会之间的关系。那么，为什么要讨论爱默森个人主义哲学中的形而上学问题呢？一个显而易见的理由是爱默森留给我们的作品文本。虽然我们今天普遍认为爱默森不是一个有系统性的哲学家，但是爱默森作品中有相当的部分用来讨论形而上学和宇宙论的问题：比如《自然》，《散文一集》中的"补偿法则"（"Compensation"），"精神法则"（"Spiritual Laws"），"超灵"（"The Over-soul"），"圆"

("Circles"），"智性"（"Intellect"）（这些文章的篇幅约占到此集的一半），《散文二集》和《生活的准则》两书中也有不少类似主题的重头文章，这还不包括日记，单独成篇的演说稿，以及伦理主题的文章中大段的形而上学讨论。除了文本的问题，如果我们仔细解读爱默森作品中着重讨论伦理，文化和政治问题的文章，我们可以发现他对于个人主义的阐述从逻辑和结构上都依赖于他对于自然，心灵和精神自由的形而上学建构。换言之，爱默森个人主义哲学并不仅局限于伦理，政治和文化的层面；其哲学发展的轨迹明显地是先从一种理念论的形而上学出发，再到对于伦理和文化问题的讨论。因此，要解读后者必须要理解前者，否则就容易把爱默森的思想简单化为一些空洞片面的口号，也无法真正看清爱默森伦理和文化思想中内在矛盾的逻辑脉络。

爱默森对于"第一哲学"或形而上学问题的兴趣最早可以追溯到在哈佛读书时所受到的培根著作《第一哲学》的影响，尤其是其中提出的可以作为一切科学和道德基础的理念论的观点。在哈佛神学院读书时，爱默森比较深入地接触了柏拉图主义和新柏拉图主义的作品，包括信奉宇宙内存在客观道德法则的 17 世纪剑桥柏拉图主义者。后来，科勒律治和德国唯心主义哲学开始在新英格兰传播，而相比于柏拉图主义而言，德国唯心主义更加重视人的理性本身具有的超验倾向和思辨过程中蕴涵的超验想象。虽然其来源不免有些芜杂，但是爱默森在 1830 年以后，已经初步地形成了自己的形而上学理念论；当时，他的一则日记中提到了这个观念——"关于第一哲学，其定义是一种关于人心灵的源初和基本的法则。它是关于'存在'，而非'表象'的科学。它的特点是它的阐发能够立刻唤醒我们心中的道德崇高感，而伟大的人就是那些能够坚信这些法则的人"。我们注意到在爱默森的表述中已经明确将心灵，理性与道德以及个体的提升结合在一起；这些将成为爱默森个人主义哲学的基本要素。这则日记写于 1835 年，而一年之后出版的《自然》一书则第一次比较成系统地阐述了"第一哲学"的问题。

不过，对于爱默森，如同对于其他的超验主义者一样，"第一哲学"的重要性并非仅在于其哲学本身的价值，因为他们的哲学阐述均具有强烈的现实关怀。爱默森和其他许多的超验主义者一样，对于 19 世纪的美国社会和美国民主的状况极度不满：一方面，民主政治成了暴民和粗俗政客（爱默森指当时辉格党人总统杰克逊）的工具；另一方面，美国社会被认为是一个人欲横流的物质主义世界，而且在文化上盲从于欧洲和英国，缺乏自立的意识。爱默森和超验主义者认为如果要解决美国社会的问题，必须回头观察这个国家信奉的哲学和宗教。当时，在新英格兰大行其道的洛克经验论和苏格兰常识哲学被认为是美国社会精神和文化生活贫乏的根源，即使苏格兰哲学家哈奇逊（Francis Hutcheson）的"道德情操论"（the Theory of Moral Sentiments）也只是在感官经验和普通心理学的层面上有限地拓展了主体的精神空间，使之能够包容他人和社会的存在。可是，无论是洛克、常识哲学还是道德情操派，只要关于知识和道德基础的理论不能脱离时空和感官经验的限制，按照超验主义者的理解，这样的知识论和价值论都难逃极端怀疑论的颠覆，就像休谟能够将经验主义推到一种无解的怀疑论一样。如果说洛克的经验主义在当时被认为是泛滥美国的物质主义的源头，那么原本应该成为道德中流砥柱的基督教（尤其是统一神教）也被认为已经失去了自己的使命感，而且也无法面对 19 世纪科学、人类学和圣经批评学对于基督教教义真实性的质疑。在爱默森和他的同仁们看来，统一神教标榜自己能够调和理性和神启的双重要求完全是不可能的。因此，事实上统一神教变成了一种价值与经验完全脱节的宗教体系：在价值层面上，作为道德基础的，对于《圣经》和人格化上帝的信仰被看成一种无根据的迷信；而在经验层面上，统一神教支持的所谓"理性的精神"本质上是洛克经验主义中的理性。此外，在社会生活中，保守的统一神教与当时缺乏精神和价值思考的新英格兰主流工商业阶层相互妥协并互为支持。[13]

亚历山大·克恩曾将超验主义运动的基本主旨归纳为这样几个方面：（1）用唯心主义理念论代替基于感觉的洛克经验主义哲学；在伦理学上，用基于理性直觉的道德观取代基于人类自然情感的苏格兰道德情操派伦理学；（2）用体现某种主宰的精神理念的，有机的宇宙论代替机械主义的宇宙论；（3）用信奉个体内在的无限性和神性的宗教观代替保守的统一神教；（4）在社会理论层面，与服从社会整体利益相比，超验主义更加强调个体的充分自由和自我的绝对性；（5）在文学理论上，超验主义开始摈弃当时占主导地位的新古典主义，转向强调用象征手段来表现理性的直觉，更加注重个人风格，艺术的想象力和创造力的浪漫主义观念。[14] 由此可见，爱默森和超验主义运动的根本关怀是要在传统基督教失去权威的情况下，为美国文明开出一个精神和道德价值的维度，并且将这个维度置于个人的心灵和主体之内，从而达到个体的提升（达到爱默森所说的，由"人"到"个人"的状态）。此外。他们也关注如何能够使美国民主制度中平等的理念与个体的提升相互协调，以及如何将精神价值与美国的现实生活相互联系，从而达到一种文化和精神层面上的，美国文明的自立。还是在十九世纪早期，新英格兰超验主义者詹姆斯·马什就编辑并出版了深受德国哲学影响的，英国诗人科勒律治的哲学著作《思维之助》，并为此书撰写了一篇重要的序言（1829）。这是超验主义兴起过程中的一个重要事件（若非其关键的起始点）。马什在序言中明确提出科勒律治哲学的重要性在于他将人心智划分为两个不同的部分：一个是使我们得以获得经验知识的"知性"（Understanding）；另一个是揭示给我们主宰经验世界的最高理念或精神的"理性"（Reason）；两者客观上分别对应"自然"和"自由意志"两个不同的范畴，后者主宰前者，正如理性引领和主宰知性。马什在序言中明确了对于洛克哲学的批评，指责洛克哲学是造成目前"哲学"（即人类的知识）与"宗教"（即道德与价值）之间相互脱节，相互矛盾的原因。马什认为洛克在他的著作中对于"知性"与"理性"的混用不仅违犯了哲学史上的一个重要的概念区分，而且在后果上使得人与动物的根本差异也显得模糊起来。如马什所说，洛克指出的一系列人的知性活动（比如注意力，联想力，手段—目的的思维模式）在较高级的灵长类动物身上也可以被发现；因此，人与此类动物的差异，按照洛克的逻辑，就变成了一种程度而非本质上的差异。根据这一论述，马什进而提出，区别人与动物的根本差别并非在于"知性"，而是在人的智性中存在的，与"知性"有本质不同的"理性"；正是"理性"使人能够发现普遍性的纯粹真理（如几何学原理），也能够使人发现必然性的道德法则和内心的道德良知。

其实，马什和科勒律治对于康德哲学的解读都有明显的偏差；康德本人从未将人的智性（intellectual faculty）划分为两个本质不同的部分。[15] 但是，应该值得我们注意的并非对于康德哲学存在的"误读",而应是这种"误读"所产生的作用和影响（无论此误读是源于有意所为还是因为康德哲学本身的晦涩难懂）。"知性"与"理性"的区分之所以能够一下子抓住超验主义者的心（包括爱默森），是因为这样的划分对于他们具有深远的实践和现实意义：一方面，如果"理性"能够通过直觉洞见宇宙的精神主宰和道德的超验基础，那么他们就能够摆脱洛克经验论和苏格兰哲学对于人类知识的限制，能够为美国文明开出一个新的精神和价值的维度；另一方面，德国哲学将这样的超验维度置于人的智性和主体之中，这可以使超验主义者不必再依赖基督教提供的，以人格化上帝和《圣经》为基础的道德哲学。换言之，"知性"和"理性"的二元论从形而上学的层面使超验主义者为美国文明创制出一个以"人"为主体和彻底世俗化的"福音"成为可能。因此我们不难想象，当这篇序言随着《思维之助》一道出版之后，就立刻被新英格兰年轻激进的知识分子广泛地接受。爱默森本人很快就开始使用这套新的哲学语汇；在一封写给他哥哥的信件中，爱默森说到"现在我使用这些哲学概念，我不知道你是否也像弥尔顿、科勒律治和德国人那样，在'知性'和'理性'之间作出区别。我认为这是一个真正的哲学，而且就像所有的真理一样，具有很大的实践意义"。[16] 这封书信写于 1834 年，而在两年之后出版的，标志爱默森登上新英格兰思想舞台的《自然》一书中，"知性"和"理性"的范畴区分已经成为他的理念论的基础。比如，在《语言》一章中，爱默森写道："人总能意识到他生活的后面或其中存在着一个普遍性的灵魂，它好比那无尽的苍穹，而正义，真理，爱，自由的本质在其中发出灿烂的光芒。这个人性中普遍性的灵魂，我们就称之为理性……在人的智性层面，我们称之为理性；

当我们判定它与自然界的关系时，我们称之为主宰自然的精神。"[17]
又如在《唯心主义》一章中，爱默森写道："那种坚信自然界是一
个绝对独立的存在的观念来源于感官和尚未得到提升和更新的知性
活动。在那些人看来，人与自然无法分离地联结在一起。物质的存
在就是最终和最高的现实，他们从不将眼光投向物质界之外的领
域。但是理性的出现摧败了这种信仰。真的思想的第一步就是要
去解脱这种感官的暴政……"[18] 终其一生，在他的全部作品中，这
两个范畴的区分都被反复地提出来。虽然爱默森使用的措辞不同，
但其含义是一样的：像"灵魂"（soul）与"感官"（senses），"现
象"（phenomenon）与"真实"（reality），"精神"（mind）与"物质"
（matter），"理念"（Idea）与"存在"（being），"智性之光的轴"（the
axis of vision）与"物质存在的轴"（the axis of things），"内在的感受
力"（the inward senses）与"外在的感受力"（the outward senses）的
区分其实要说的都是同一个意思。无论提法为何，这个基本的范畴
区分是爱默森个人主义哲学的形而上学基础。

　　在爱默森的理念论中，与"知性"和"理性"二元结构相对
应的是宇宙的二元结构。宇宙或自然界不再是洛克经验论中那个
客观和给定的绝对存在；宇宙和自然都受到精神的主宰并且是这
种精神或理念的具体表象。有时，爱默森称这种精神或理念为神
或上帝，但这显然不是基督教意义上的人格化上帝。此外，这个
宇宙所要体现的"精神"在本质上与人的"理性"是同一的。如
爱默森所言，这两个名称的差异只是由于观照角度的不同而已：
从主观的角度而言，我们称之为人的"理性"；从客观的角度来
看，"理性"就是主宰自然的"精神"或"理念"。依此逻辑推
理，我们就可以理解爱默森在《自然》中提出的"自然"与人的

"智性"之间存在的，普遍性的对应—象征关系（Correspondence and Symbolism）。这一点在《自然》一书的《语言》一章中得到最为明确的表述；这一章开宗明义地列出"（1）词语是自然事物的象征。（2）特定的自然事物是特定的精神事物的象征。（3）自然是精神的象征"。[19] 在《自然》一书中，这种关系在低的层面上，是人的"知性"与经验知识之间的"对应"关系；在高的层面或"理念"的层面上，是人的"理性"与"自然"之间的"象征"关系。对于这种象征关系的认识就是对于主宰宇宙的"精神"的认识，同时也是人对于自身智性中"理性"的自觉和发现。根据这个逻辑，爱默森才可以在《自然》中把现代科学中"研究自然"（Study Nature）的要求和古希腊德尔斐神谕"认识你自己"（Know Thyself）看成同一法则的两个不同表述形式。

爱默森的形而上学理论虽然保留了经验知识的合法存在，但是依靠"知性"和"理性"的二元结构，他一方面可以将经验知识置于"理性"的直觉洞见之下；另一方面，又可以通过象征的结构，将一切关于"自然"中的"物"的经验知识随时转化为"精神"，"理念"或"理性"的具象和表现（embodiment）。有时，这种具象和象征关系也被爱默森称为一种"比喻"（metaphor）的关系（《自然》中此类用词还包括 metaphor，type，archetype，allegory，figure 或 analogy）；如爱默森在《语言》一章中说到"全部的自然界都是人的意识和智性的一个比喻"。此外，同样重要的是，在爱默森的哲学或在西方传统中，"理性"，"精神"和"自由"这些观念与"道德"是相互联系，相互依托的。因此，当爱默森提出一个由理性主宰的宇宙论时，他也自然而然地赋予宇宙一种道德的目的论（moral teleology）。在《自然》一书中，我们可以发现"道德"与"理性"和"精神"是同义互用的词汇。总而言之，由科勒律治对于康德哲学的"误读"而引出的对于人智性的二元划分，成就了爱默森和其他超验主义者为美国文明寻找一个新的价值维度和道德基础的努力，同时，他们的努力也能够避免传统基督教在现代世界中要面临的种种困难。我们注意到，在经验世界和理性之间建立一种广泛，无所不在的象征关系，并不是要去完全消解经验（或者说美国社会生活的现实）本身具有的合法性，而是要将现实的经验随时转化为一种理念，价值或道德原则的具象或象征。美国学者芭芭拉·帕克对这一点有一个非常精辟地描述：根据她的解读，爱默森的理念论对于社会现实中的日常经验做得是一种加法：爱默森与华兹华斯不同，不是要透过经验和习俗的迷雾去更新我们对于精神和意义的"感受能力"；爱默森试图去做的是通过他的象征理论，随时能够赋予日常经验中的生活细节以精神价值和道德意涵。[20] 换言之，爱默森和其他的超验主义者借助德国哲学阐发的，美国版的唯心主义，不仅是为了想象一种不同的自我认识的途径，以及一种新的价值和道德维度；同样重要的是这个理念论在文化层面的作用（即爱默森所说的"实践意义"），那就是能够将美国现实生活中的日常经验和内容提升到一个精神的层面来观照和理解。由此，人们所常说的美国社会中文化，传统和经验的"贫乏"（相对于英国和其他欧洲社会）便可以一转而成为尚未被赋予真正意义的，还在等待被发现的潜在"奇迹"。就如爱默森在《自然》的最后一章《远景》中所说的那样，"智慧不变的符记就是能够在普通和平常之中发现奇迹"。[21] 这种形而上学的象征论是美国文学在十九世纪开始兴起，并且产生出"美国的本土文化意识"的哲学基础。这种试图摆脱欧洲对于美国文化的过分影响，重新关注美国民主社会本土经验的想法在爱默森其后的《论美国学者》中得到了最为有力和浪漫的表述：

> 我不寻求伟大，遥远和浪漫的题材，像是在意大利或者阿拉伯时兴的东西，或古希腊的艺术，或中世纪普罗旺斯的游吟诗歌。我拥抱平凡，我探索并崇敬那些熟悉而卑微的生活。……普通的盘中餐，杯中奶，街头的小调，商船的消息，行人眼光的匆匆一瞥，身体的形状和步履的姿态——告诉我这些事物中包含着的最高的根由，告诉我这些在自然和社会边缘之处中存在着的，因为必然会存在的，那些至高无上的精神原则。让我看到这些微不足道的东西里充满着的，能使它们置身于永恒法则之中的精神维度……如此，这个世界就不再是一间堆满杂物的单调库房，而拥有秩序和形式；没有什么是不值一提的琐事，也没有什么是无法解答的秘密；因为有一个完美的设计联结这个宇宙中的一切，并给予它们生命力，从最高的峰顶到最低的沟壑。[22]

爱默森的理念论和象征理论使他能够兼顾价值和经验两个层面，在提出一个超验维度的同时又能够使美国生活中日常平凡的内容获得精神和道德的内涵。这种去重新"神化"美国文明的意图是爱默森如此热衷于接受科勒律治版德国哲学的根本原因之一。但是，爱默森的理念论中也存在着一个非常严重的矛盾；这个矛盾产生的根源也在于他对美国民主制度的理解和认同，尤其是民主制度中对于平等观念的诉求。显然，提出"理性"的目的是为了个

25

体的提升，否则民主制度中的人不过是爱默森常说的"暴民"。可是"理性"是否为人人所有？如果是，那么这个由"知性"到"理性"，由"物欲"到"精神"的提升是否也可以为所有人所实现？这个提升的过程是否会受到文化，社会和教育程度等差异的影响？换言之，"个体"的提升与平等的要求之间如何融合兼顾？这个问题，对于爱默森的个人主义，对于一个他所设想的民主社会的公共哲学，是无法回避的；而对于这个问题的解决，爱默森借助了他所熟悉的新柏拉图主义者普罗提诺的宇宙论和形而上学理论。按照普罗提诺的说法，宇宙是由一个超验的，在时空之外的本源所主宰；这个本源被称之为"唯一"（The One）。"唯一"是无法界定，无法限制，具有绝对统一性和绝对抽象性的存在。由这个源头和中心，逐步向外发散出一层层的"物质"，而这些衍生出的物质内在的统一性在发散过程中会逐步减弱；这些散发出的物质就形成了我们所知的宇宙。然而，由于这个宇宙的中心和主宰是无法界定和限制的，所以普罗提诺在定义它的时候，只能使用一系列的否定（比如它不是"存在物"，不是"时间"和"空间"等等），因为任何形式的界定都意味着对于"唯一"的限制。根据普罗提诺的说法，虽然"唯一"超越了客观的经验知识，但是由于人具有的"智性直觉"的能力（这与人用来获取经验知识的"灵魂"不同），我们可以与之达到一种神秘的结合。这个宇宙的主宰有时也被普罗提诺称为"宇宙灵魂"（the World-Soul）；它既是最高的存在，也是最高的智慧和最完美的生活。我们每一个人凭借自身所有的"智性"和精神的努力都可以回归到这个本源之中，而这种回归也同时被认为是人自我认识的终极实现。[23] 我们可以看到，普罗提诺的新柏拉图主义对爱默森的吸引力首先来自于前者对于"智性"和"灵魂"

的二元划分；这与爱默森所接受的"知性"和"理性"的二元划分神意相通。此外，普罗提诺的哲学设定"智性"（即爱默森所说的"理性"）乃是人人所固有的能力；这个说法意味着人与人之间在精神能力上的平等。最为关键的是，普罗提诺将"唯一"和"宇宙灵魂"想象为一种无法被任何经验内容所界定的存在。这就在形而上学层面上保证了这种"绝对存在"对于人的绝对平等性，因为这种"绝对存在"的本质是"绝对抽象"的。当爱默森将"唯一"改写为人的"理性"，将这种普罗提诺设想的客观存在转换为人主体性的内在部分，那么人智性的二元对立也被相应地改写了：在"知性"之外，人的"理性"被爱默森想象成一种人人所共有的，超验的，同时就其内容而言可以说是彻底的"非人格化"和"非社会化"的部分。这种人人皆备的，内容上又绝对抽象的"理性"也就保证了一种绝对的，不受社会差异影响的，绝对普遍性的平等。这种在质料上完全抽象的"理性"，就其本质而言，是爱默森对于民主制度中平等要求的形而上学表述。在他最重要的一篇散文《超灵》中，他把这种关于"理性"的想象称为"超灵"（the Oversoul），一种绝对抽象的平等存在：

> ……这个"统一性"，或超灵，可以容纳所有人的个体存在，并使他们同一无异……我们的日常经验是由无数片段所组成的序列，我们生活在分裂之中，生活在片段和碎片之中。可是，我们每一个人的心灵之中却存在着那个"全体的灵魂"，那是一种沉默的智慧，普遍的美；每一个片段和碎片和它之间存在的关系是完全平等的，那是一个"永恒的一"。[24]

这里对于"超灵"的描述注重的是两个方面的问题：一是多样性后面的统一性（仿佛美国的政治理想：统一中的多元），二是个体之间相对于此"永恒的一"，并且由于这个"永恒的一"，而具有的绝对平等。当爱默森需要去定义这个"永恒的一"或"超灵"时，与普罗提诺一样，他也没有给予这样的"理性"任何质料性的定义，下面引的这段话可以说是爱默森作品中最为典型的对于"超灵"或"理性"的定义：

> 灵魂（按：意指"理性"或"超灵"）永远指向前方的世界，将已经历的一切撇下。她没有时间的界定，没有仪式的表现，没有人格性，没有任何特点，在它之中没有个体的人。灵魂只认识灵魂自身，宇宙间一切事件不过是她的一件外衣。[25]

类似的，关于"理性"绝对抽象性的定义在他的作品中可谓比比皆是；这代表了爱默森对于"理性"本质的一个基本的认识；美国学者莎伦·卡梅隆曾在《爱默森的'非人格化'想象》（"Emerson's Impersonal"）一文中对此做了非常透彻的分析。[26]按照爱默森的形而上学逻辑，我们可以发现，他把人的智性划分为两个不同的部分：处于从属地位的是人的"知性"，包含了我们对于他人和社会具体的，可以容许差异性存在的经验知识；而处于主宰地位的则是一种彻底抽象的，在本质上消除所有差异的"理性"。如许多批评家所注意到的，这种二元对立结构使爱默森的个人主义形而上学理论产生出一种无法调和的，抽象理性和具象经验之间的矛盾。[27]这个矛盾具有非常严重的后果（不论是在哲学层面还是文化层面）。如果爱默森是一个完全不关心日常

28

生活的形而上学家，那么这种矛盾也没有特别的意义，但是爱默森无论就其哲学或文化的关怀，都非常关注美国民主社会的日常经验。关于这一点。新英格兰诗人洛威尔曾非常准确地把爱默森称为"普罗提诺和蒙田的混合体"（两位都是对于爱默森都影响很深的哲人）；他形容爱默森是"扬基佬的肩膀上顶着一种希腊人的头颅".[28] 这两个比喻其实说明的也是爱默森思想中两个极其对立和冲突的维度。这种对立的严重性在于，如果说日常经验的世界始终被"理性"所主宰并由理性赋予它精神价值，但是由于理性本身的绝对抽象性并不能够提供任何有质料内涵的精神原则，所以日常经验的提升过程最终是没有任何意义的。一种指向"绝对虚无"的超越变成了对于日常经验本身的完全消解。这一点正如芭芭拉·帕克所言，爱默森的超验想象存在的危险就在于这种具体经验和抽象理性之间的极端对立，任何超验的想象实际上不仅"虚化了精神的世界，也使客观的经验世界失去其本来的意义。这种"理性"也许拥有帝王般的头衔，但却是无力的；日常经验的世界可以被精神所征服，但是那个被征服的世界却是没有意义的".[29]

这种在终极层面上的价值虚无也许可以解释爱默森政治和社会思想中那个重要的悖论：一方面，没有人比爱默森更加关注美国文明的自我提升和变革，爱默森的超验主义所坚持的，日常经验中永恒的精神价值为当时新英格兰社会改革运动提供了重要的思想资源；但是每当面临一个具体的社会改革方案，爱默森似乎都会报以一种怀疑的态度，因为改革方案的具体性从根本上难以符合他对于超验理性的抽象理解。爱默森呼吁社会改革的热烈言辞并非不真诚，但是他对于精神和理性的抽象理解却往往使得他的改革理想根本无法触动美国社会和政治制度的实质内容。试举一例为证，爱默森1844年写的《新英格兰改革者》（"New England Reformers"）一文是他对于当时波士顿地区各种社会改革实验（包括影响一时的傅立叶空想社会主义的实验）一个总的回答。在这篇收入《散文二集》的文章中，爱默森在开头处表达了他对于社会改革运动的支持，但是后来文章的话锋一转，又从理念的角度反对所有具体的改革运动。针对当时时髦的乌托邦主义，爱默森强调"我们应该记住，任何群体和组织所提供的自由空间都无法与一个单独的个体相比"。由于任何具体的社会和群体经验都不能避免"片面性"，爱默森将"真正的改革"归结于一种纯粹个体的内在超越——"真正的联合只能是内在的，不是由任何契约达成，而必须用与他们（注：超验运动中的乌托邦主义者）相反的方法。一个联合体，只有在其所有的成员都处于彻底的独处之时，才是完美的。……一个理想的群体只存在于个人主义的真实实现之中"。我们可以看到，对于社会改革的强烈冲动和美好想象与具体实践层面的虚空和无力构成了爱默森社会和政治理论中的一个二律背反。[30]

如果我们暂时离开社会的层面，去观察这种对于理性的抽象想象在个体的精神提升中所产生的问题，我们会发现同样的悖论。一方面，对于爱默森而言，个体的提升意味着超越"知性"层面，达到对于人和自然本质的"理性直觉"；这是从"人"到"个人"的超越，但是这种精神提升的过程指向的也是那个爱默森想象的，绝对抽象的"超灵"。虽然达到理性直觉是每个人都能够实现的精神目标，但是当个体达到这种"理性"的层面时，由于"理性"的绝对抽象性，个体赖以成为个体的一切特征和差异也就被消解掉了。个体的提升在爱默森笔下变成了一个逐步剥离个体人格化内容的过程，一个剥离人的存在中具体的社会性、历史性、传统性经验的过程。关于这一点，我们不妨看一下《自然》中的一个段落：

> 站在这块空地之上——我的头脑为沐浴在清爽的空气之中，并被提升到无限的空间中——所有低级的，属于自我的一切都消失了。我变成了一只透明的眼球；我不复存在，但却洞察一切。宇宙普遍性的本质如风一般环绕着我，我与上帝成为一体。最亲密朋友的名字此时显得又陌生又偶然：兄弟，朋友，抑或是主人奴仆，此时都不过是微不足道的扰人之事。我只爱慕无限和永恒之美。[31]

克兰切（Christopher Pearse Cranch）所绘的关于爱默森《自然》一文里"透明的眼球"段落的漫画。

31

这是爱默森作品中一段非常经典的，关于精神超越状态的描述，但是类似的表述在他的作品中非常普遍。在这里，精神超越的状态被比喻为"透明的眼球"；这个自相矛盾的"逆喻"(oxymoron)违背了基本的科学常识（人眼之所以能够具象就是因为它不透明），但是却非常贴切地抓住了爱默森对于理性的想象——理性直觉（"眼球"）来自于其本身在质料上的彻底空虚（"透明"）。因此，人精神提升的前提条件就是"自我"的消解；换言之，人格化自我的"不复存在"才能够引向"超灵"的"洞察一切"。个体的提升意味着一切具体的社会和人际关系，以及经济和地位差异的彻底消解。这种精神的提升的确可以在终极层面上保证绝对的平等，但是这个内容彻底虚无的平等又能有多少真实的意义呢？与此同时，爱默森所想象的个体提升的确能够超越人与人的现实差异，但是这种超越的方式不是去改变，而是从逻辑上无视个体之间的差异，或者否认这些差异的意义。由于这个完全抽象的"理性"或者"超灵"并不是柏拉图主义中客观存在的理念世界，而是被爱默森置于人主体结构之内，人的主体性想象就产生出一个极端的二元对立的结构。这个内在的，二元对立的主体性结构使爱默森的个人主义哲学从逻辑上就带有一种对社会存在中具体性经验的否定倾向。爱默森的个人主义哲学并不是一种虚无主义，因为他并没有用"超灵"来彻底消解掉"知性"的经验内容；但是，爱默森的个人主义哲学却是一种极端分裂的自我想象。尤其当他反复强调"理性"或"超灵"对于自我的主宰作用，并要求人的社会和伦理经验必须要被"理性"的原则所指导时，我们就更加难以想象这个"非人格化"的超验自我如何能够在具体的社会和经验层面起到指导和变革现实的作用。当然，有些批评家认为爱默森的"非人格化"的超验想象是在为美国的资本主义制度背书,因为他的超验主义根本无意对这个制度所造成的社会不公有任何触动。这样的看法对于爱默森多少是一种苛责,但是理解这种抽象和具象二元对立的主体结构对于理解爱默森的伦理理论和文化思考却是非常关键的。

如果我们对于爱默森个人主义哲学的形而上学理论作一个总体的评价,我们应该同时认识到这种理论的价值和它的深层矛盾。爱默森的形而上学想象的基本结构是二元的,它的基础是科勒律治对于"理性"和"知性"的划分。但是科勒律治,以及德国唯心主义哲学并没有设想一种内容完全抽象和虚无的"理性";比如,在康德哲学中,理性在道德层面的核心内容是对于道德法则的理解(康德的三个道德的绝对律令),因此理性的内容是可以被具体化地界定。此外,爱默森的形而上学想象与传统的柏拉图主义和新柏拉图主义也不同,柏拉图主义设想的理念世界,或者普罗提诺设想的"宇宙灵魂"都是客观于人的存在,因此这种"宇宙灵魂"在内容上的抽象性并不直接影响到人的主体的分裂。然而,爱默森将这种抽象和"非人格化"的精神设置在了人的主体性之内,并定义为人的"理性"的本质。这就产生了一种内在的,主体性上的二元分裂;这种分裂在爱默森社会思想中表现为一种抽象与具象,经验与价值的根本对立,而且这种对立在逻辑上是无法被消解的。爱默森的个人主义哲学不是一种逃避的哲学,恰恰相反,爱默森始终认为个人主义哲学是民主生活的公共哲学;也就因为如此,其哲学思想的内在矛盾在伦理和文化层面上的后果就显得尤为突出。不过,在另一方面,爱默森本人对于此种分裂的二元自我是有意识的;他的哲学和伦理学思想的发展轨迹也显示了试图弥和形而上学想象中这两个分裂维度的努力。

爱默森，1873 年。

但与此同时，我们同样应该认识到的，是爱默森和其他超验主义者在思想上对于美国文明发展的重要贡献。的确，他们的哲学工作没有准确地诠释德国唯心主义的内涵，他们也没有建立一个比较完善的哲学体系。但是，超验主义哲学的兴起为当时的美国文明开出了一个新的价值维度。他们对洛克经验主义的批评，从根本上说，是为了反对当时美国社会主流阶层志得意满的物质主义；他们对于人智性和心灵无限性的宣扬是因为他们清楚地知道，在19世纪的世界中，回归到传统的基督教也许可以达到个体的救赎，但却不能为美国的社会建立一个道德和精神生活的基础。超验主义者，包括爱默森本人，其实一直都是坚定的现实主义者。在政治上，他们认同美国的民主制度；但是，他们并不满意民主社会中人的生活状况；他们强烈地呼吁个体的提升，但是又非常强调平等的诉求。以爱默森为例，超验主义哲学的内在分裂本质上来源于民主制度中自由与平等的内在矛盾。但是，新英格兰的超验主义运动完成了19世纪美国思想从"神学"到"哲学"的转变；这个成就不应该被低估。

作为伦理与文化的个人主义：爱默森与美国文明

在这部分的讨论中，我将循着爱默森理念论中抽象与具象的矛盾线索，对其伦理和文化思想进行分析，试图勾勒出爱默森本人在不同阶段对此问题的理解和试图解决此问题的努力。此外，我会简要地分析爱默森对此问题的不同处理如何反映了他对于美国文明的看法。首先，爱默森是一个对于美国社会现实和价值观具有强烈现实关怀的思想家；关于这一点，我们从《自然》一书中反复强调的，日常经验与精神价值之间存在着的，普遍性的象征联系里就可以发现。换言之，爱默森关注的不只是是由经验（或知性）到价值（或理性）的，单向度的提升过程，他同样关注价值维度如何能够改革与更新美国人的生活和思想，就像他在《经验》（"Experience"）一文中说到的，哲学最根本的任务是如何将"精神力转化为实践的智慧"。爱默森讨论美国社会和思想状况的文章数量最多，而且贯串他的创作生涯，从早期的《论美国学者》（"The American Scholar"），《超验主义者》（"The Transcendentalist"），《年轻的美国人》（"The Young American"），《人即改革者》（"Man the Reformer"）等一直到晚年最后一部重要文集《生活的准则》。与他的形而上学作品有所不同，在这些社会关怀很强的文章中，爱默森似乎对于绝对否定现实经验的倾向保持了一份难得的清醒。在《超验主义者》一文中，爱默森批评了新英格兰超验主义过于重视精神生活的独立而脱离现实经验的思想倾向。他对于超验主义者在精神追求方面的赞扬并没有遮蔽他对于超验主义运动在现实层面上自我隔绝状态的批评；对于爱默森而言，超验主义思想表现出一种不可取的"双重意识"（double-consciousness）。如爱默森所说，"在我们的生活中，这种双重意识最坏的方面是两个因素——知性的生活和理性的生活——之间几乎没有任何的联系，不能够相互融通，相互衡量；当一个极端占上风之时，一切都是喧嚣和嘈杂；当另一个极端占上风时，一切又都是无限和天堂；在我们生活的演变中，两种元素之间很难找到一个相互谐和的途径"。[32] 爱默森对于这些他称为"生活于否定的孤岛中"的朋友们的批评不仅十分贴切，而且

36

也似乎明显地指向他自己形而上学理论中的问题。我们会看到，爱默森在伦理和社会思考的层面，的确一直在苦苦寻找一种方式能够使他"与周围的社会环境更加充分的融合"。在这样的思考中，他对于理性的抽象想象成为一个他必须去解决的问题。

伦理学要回答的根本问题是"人应该如何生活？"，这意味着找到一种原则性和常态化的方式使日常的经验和选择受到价值的指导和衡量，这也意味着精神和道德价值的具体化和经验化。因此，爱默森的个人主义形而上学理念中对于理性的抽象定义，在这个层面上，使经验与价值之间的联系变得十分困难。爱默森伦理思想中存在着强烈的反社会习俗的倾向（就好像他自己批评的超验主义者）是批评家们众所周知的事实。这种对于社会习俗的轻视和反感，在有些时候，是来源于实质和具体的原因；但是，在许多文本中，我们也能够看到对于社会习俗、历史和传统的轻视也来自于理性抽象化的哲学逻辑。比如在爱默森宣言式的文章《自我依赖》中，他将自我依赖的伦理基础想象为一种"绝对源初的简单自我"（the aboriginal Self），或者一种"自发或本能"（Spontaneity or Instinct）以及"作为直觉的本源智慧"（the primary wisdom as Intuition）。这样的形而上学想象与文章中要求个人拒绝泛滥的物质主义并寻求独立思考和自由发展在逻辑上有根本的不同。又如，《自我依赖》中最为反对的是人应该保持思想和行为一致性的要求（consistency），爱默森认为这是全篇文章的核心观点。因为社会对于人个性的过度压制，因为人的自由发展就包含着变化和反复的过程而去反对个体的一致性，这样的观点是具体的和可以理解的。然而，当爱默森将对于一致性的反驳归结一种在逻辑上"非社会"和"非人格化"的"灵魂的洞见"

时，他的伦理想象就出现了一种难以解决的断裂。

这种"灵魂的洞见"在爱默森的早期作品中，一般而言，都是被描述为一种"精神的狂喜"（ecstasy）；最为著名的例子就是《自然》中说到的"透明的眼球"。这样的体验当然并非完全无法想象，但是一旦成为伦理和文化原则时，就会因为这样的"精神狂喜"一则具有绝对的抽象性，二则只能是一种瞬间性和非常态的经验模式而注定无法为人所信服的或被当成行为的日常准则。爱默森本人对此是有认识的；这就是为什么在他以伦理学和以社会文化为主题的文章中，类似的"精神狂喜"的瞬间体验很少再被提及。但是，爱默森在这个时期并没有修正自己对于抽象化的理性的看法，也没有提出一种本质上能够被具体化的理性。于是，如何能够想象出一种兼顾经验和价值，并且联结这两个维度的常态化的模式，就成为爱默森成熟期作品中被反复讨论的一个问题。

在《散文一集》中，《超灵》和《圆》可以看成在逻辑上相互对应的两篇文章。《超灵》提出的是一种超越于经验之上，完全抽象和虚空的，静止状态的精神；而《圆》则是用来说明这种精神如何能够与日常的经验形成一种互动的联系。这种模式被爱默森成为"转换—变形"（transition and metamorphosis）的原则；简单说，这个原则仍然强调了精神与经验之间的象征和对应关系，但是这种关系被想象成一种处于永远转换的过程：抽象的精神时时刻刻在某个日常的经验对象中得到具象的表现，但是这种具象一旦完成就要立刻被放弃，就必须要转向另一个具象形式；而之后这个具象物又会被放弃，以再开始另一个转换的过程，依此类推以至于无限。借用这篇文章的比喻，人的经验是一个"不断扩展的圆环"，但是有趣的是，这个扩展的过程不是一个圆在直径上的放大，而是被想象为一系列的"跳越过程"：当一个新的圆取代旧的，被取代者就立刻不复存在。这个过程涵盖了人，自然和社会；它不允许任何客观的思想观点或经验对象保持现状，因为转换和变形是唯一的法则。任何形状的保持都是一种对于精神和理性的界定，但是任何形式的界定都必然成为一种限制，而"限制，"对于爱默森，"是唯一的罪"。按照爱默森的说法，"永恒无非是一种永远的混沌。……因为任何的对象一旦静止，就会被摧毁，被它所试图抗拒的洪流冲得粉碎；如果是人的头脑和思想，静止就意味者疯狂，因为得了疯病的人就是那些执著一个想法，拒绝与自然的潮流一起流动的人"。[33] 由此，爱默森所想象的，理想的个人就是一个能够体现这种变换过程的人——"我只是一个实验者。切勿赋予我所为之事以任何的价值，也不要低估我尚未去做的事，好像我想确定任何事情的本质。我要做的是去动摇一切事物的根基。没有什么对于我是神圣的，没有什么对于我是亵渎的。我只是在实验，一个永不停止的追寻者，从不背负任何过去的负担"。[34] 当这样的个人主义的想象转化为一种伦理生活的指导时，就变成《自我依赖》中对于"力量"的定义——"当下的生活才是唯一的资源，不是已经过去的经历。一旦停止，力量就会消失，因为力量只存在于转变的过程之中，从过去到一个新的状态，就像跳越一道鸿沟，就像对于一个目标的投射。这个世界怨恨的事实只有一个，那就是灵魂在永恒的变化之中，因为它永远贬低过去，将一切财富变为贫穷，将一切名望变为耻辱，将圣人混同于恶棍，把耶稣和犹大同样弃掷在路旁。"[35]

这种"转换—变形"模式是爱默森为了弥和抽象精神与具

体经验之间矛盾所提出的一个路径。通过这个路径，爱默森可以将"精神狂喜"不可持久的瞬间转化为一个可以延续和被重复的过程，并且试图将它定义为伦理生活的一种原则性的指导。但是，这种转化在多大意义上能够解决其个人主义哲学的内在问题呢？首先，理性的抽象性问题并没有因为被"过程化"就此消失：强调任何一个理性的具象物都没有永恒的价值所造成的无非是一种可怕的虚无主义，如爱默森自己所言，这样的理性无视过去，无视历史；而且，由于唯一的价值只在于象征和转变的过程本身，于是不同的行为和选择也就失去了在道德和价值上作区分的必要，因为善恶混同，"耶稣和犹大同样弃掷路旁"。无论爱默森本人如何判断，这种伦理上的虚无主义是抽象理性的必然后果。当然，爱默森在文章中努力地说服读者，理性的具象和转变过程是一种"更新"和"生长"的"进步"；但是这个观念显然没有任何的依据，除了爱默森所表现出的对于"新"的崇拜——"自然厌恶任何老的东西，年纪大了似乎是唯一的疾病，所有病态的东西最终都归结与此。"[36] 然而，在"转换—变形"的模式中，我们并不能自动得出"进步"的结论，因为能够确定的只有一系列不同具象物的转换过程。"不同"并不自动地意味"更好"，而"变换"也不是"进步"的同义词。如果"新"和"进步"只是爱默森凭空设定的概念，那么这个"转换—变形"过程本身在逻辑上仍然无法摆脱虚无主义的威胁。在此之外，这个模式也不能解决瞬间化的精神狂喜所带来的问题。的确，这个模式将"精神狂喜"的瞬间改写为一个过程性的经验，但是从伦理的角度来看，任何伦理关系都需要一种时间上的连续性，而爱默森对于理性的具象和转换过程的想象恰恰从逻辑上否定了任何连续和稳定的社会关系的可能性。比如，按照爱默森的理论，友谊一旦形成，就需要被抛弃，因为此时朋友和友谊会成为一种对于个体自由的限制。这就是为什么在爱默森的散文作品中，《友谊》（"Friendship"）和《爱情》（"Love"）这两篇不仅显得单薄，而且还有些荒诞的原因。如同他本人与梭罗和玛格丽特·富勒交往的真实经历一样，爱默森一方面对于友谊提出近乎无法实现的高标准，追求友谊中"灵魂完全的一致性"（这是理性的具象和象征的要求），另一方面，却又对友谊始终抱有怀疑，时时警惕是否朋友之间的关系已经变成了对于个体精神的限制和圈囿。如他所言，一旦发现了朋友的局限之处，他们就已经不再处于友谊之中。换言之，爱默森所提出的，经验与价值之间的"转换—变形"模式不过是将精神体验的"瞬间"改变为"片段"，而从伦理的角度而言，这也不过是一种近乎荒唐的逻辑。爱默森本人的家庭生活一直十分稳定，他也是一个尽职的丈夫和父亲；不过这大概只能说明在家庭生活中，作为现实主义者的爱默森否定了那一个理念论者的爱默森而已。

如果说《自然》是爱默森的早期代表作，那么理性的具象—转换—变形的模式是成熟期的爱默森提出的一个解决抽象理性问题的方案。然而，要了解爱默森伦理和文化思想的重要意义，我们还尤其需要注意晚期爱默森的变化。这里的原因有二，一是晚期爱默森对于抽象理性问题的解决提出了一个完全不同的模式，二是爱默森提出的新模式对于美国的思想传统有很深远的影响。今天为大多数美国读者所认识的爱默森其实并不是那个受到德国哲学影响，对于美国社会持一种极端甚至带有虚无主义色彩的批评家，而是一个具有本土意识，乐观主流的美国智者——这个形象就来自于晚期的爱默森。批评家一般的共识认为晚期爱默森的思想转变起始于《散文二集》出版的前后（1844），直到晚年最后一部重要作品《生活的准则》的出版（1860）。批评家对于晚期爱默森思想的转变有不同的定义：斯蒂芬·温彻是这方面最重要的研究者之一，他认为晚期爱默森的思想由早期浪漫的叛逆性逐步地转向一种温和保守的乐观主义和对于现实的认同。法国学者莫里斯·格那德认为晚期爱默森思想的转变根本上是从一种关于"理性直觉"的哲学向一种关于现实的"力量"哲学的转变。[37]当代爱默森研究的一个有代表性的观点也认为晚期的爱默森经历了一种由智性到实践的发展，其中个人自由的抽象定义被改写为一种与命运和现实不断进行"创造性的对抗"的观念，而现实和实践中的"力"也逐步占据了爱默森思想的中心地位。[38]这些观点从不同的角度，都抓住了晚期爱默森关键性的思想发展，尤其是他对于"自由"和"力量"观念的重新诠释，对于实践和现实生活的关注和认同。但是，要理解这个转变的脉络和逻辑，我们仍然有必要回到爱默森的形而上学理论，有必要研究爱默森晚期思想变化后面的形而上学想象。此外，晚期的爱默森之所以能够进入美国思想的主流，被后人认为是一个美国本土文化意识的代表性人物，也与爱默森形而上学思路的改变有关系。

成熟期的爱默森提出的解决理性抽象与具象关系的路径是他的"转换—变形"模式，而晚期的爱默森却转向一个完全不同的模式——一个他称之为"补偿"的法则（the Law of Compensation）。这个模式的提出其实要回溯到《散文一集》和一篇单独成篇的演说《自然的方法》（"The Method of Nature"）。《散文一集》除了在"超灵"，"圆"和"自我依赖"等一系列文章中提出了理性"转换—变形"模式之外，还有一篇非常值得我们注意的文章《补偿》（"Compensation"）。如果《圆》在《散文一集》中是"转换—变型"模式的核心讨论，《补偿》这篇文章的重要性在于它提出了一个与"转换—变型"完全不同的，调和抽象理性与具体经验的模式。这篇文章的开头部分提出自然界的基本规律就是矛盾对立——"物质与精神，男人与女人，奇数与偶数，主体与客体，内与外，上与下，动与静，肯定与否定"[39]；根据这个普遍对立的法则，爱默森认为自然与社会中任何存在物都有它的反面，因此任何一个单独的存在物本质上都是"片面"（partial）的。由于"自然"在法则上反对"一切例外与垄断"（exceptions and monopolies），因此，爱默森认为我们可以得出两个结论：一是任何单独存在物的"片面性"；二是与此片面性相对，宇宙间还有一个整体性的存在，这个存在不仅没有片面性，而且能够统摄并消解所有单独事物的"片面性"，使得它们在这个整体秩序中得到自己的位置。在人的主体性中，这个整体性的存在就是人的"灵魂"或"理性"；在宇宙秩序中，这个整体性的"唯一"允许每个单独的存在物各尽所能，各尽其性，并根据"补偿"的法则在整体的宇宙秩序中各就各位。我们要注意，爱默森的"补偿"法则并非是指一种正负对称，善恶抵消的虚无主义图景；"补偿"法则中有两种存在是不会被抵消的，一是道德，因此行善并不会生出恶，而拒绝恶却能够增加善；二是灵魂（或理性，或宇宙的主宰"唯一"）。按照爱默森的说法，一方面，灵魂的本质是道德的；另一方面，灵魂是一种绝对肯定性（positive）的存在（即灵魂本身不会有质或量上的减少）。此外，灵魂本质上永远处于一种自我平衡的状态，它能够不断地吸收所有宇宙间的存在物，因为灵魂遵从的原则一是道德，二是无限的增长（growth）。

我们可以看到，"补偿"法则的提出，根本上也是为了解决抽象理性带来的问题。在《圆》提出的"转换—变型"模式中，抽象理性与具体经验之间联系被表现为由具象到转换的一系列变化过程；而在"补偿"的模式中，抽象理性与具体经验之间的联系被表现为一种个体发展和整体存在之间的和谐关系，或者说一种"个体"的"力"与"整体"的"命运"之间的关系。由于爱默森本质上是一个道德主义者，所以他按照普罗提诺的观点，将这个宇宙整体的"唯一"也定义为一种"绝对的善"。爱默森仍然没有给出"绝对的善"任何具体化的内容，但是他将这种"善"比喻为一种"灵魂"无限增长的质量。任何个人的善行都直接增加灵魂本身"善"的质量；而任何的恶，由于"补偿"的法则，会产生出与之相等且相反的"善的力量"（比如行恶会产生内疚感）。于是，按照爱默森宇宙道德观的"数学模型"，我们可以推出这样一个结论："补偿"模式可以在"片面性"的前提下，允许个体存在物尽量展现和发展自己的"力量"；而无论其性质的善恶，个体的"力"的展现最终都会以直接或间接的方式指向，确保和增加宇宙和灵魂的道德性。简单说，爱默森的"补偿"法则设定了一个"善意"（benevolent）和"道德"的宇宙秩序，并且允许个体的存在物在这个整体秩序之内充分地实践和实现自我。

推演到这一步，我们大概可以明白所谓晚期爱默森的转变，从本质上讲，就是从伦理和社会层面比较激进的"转换—变形"模式到"补偿"模式的转变。显然，"补偿"的模式在其内涵上要保守和乐观得多：它设定了一个"善意"，"进步"和"增长"的宇宙秩序，并且爱默森可以根据这个法则支持并认同美国社会生活当中的所有内容，包括随处可见的不公和罪恶，因为这些不过是"善意"的宇宙实现自身本质的特殊方式而已。后来的作家，像麦尔维尔、亨利·詹姆斯和叶芝都批评爱默森的哲学思想中对于"恶"的无意识，他们所指的就是这个"善意"宇宙的假设。

然而，爱默森在其晚期作品中，不仅坚持这一设定，而且更重要的是，他开始有意识的将这种"善意的宇宙"与作为政治体的"美国"等同起来。这是爱默森文化思想发展中极其重要和关键的一步。在作品中，爱默森开始设想一种"完美的，理想的，但永远也无法到达的美国"。这个"理想的美国"取代了早期作品中的抽象理性，也取代了形而上学中"善意的宇宙"。与现实中那个不完美和片面的美国相比，这个"理想的美国"象征着爱默森心目中对美国的期望：平等与民主的制度，自由的精神生活，展现出来的巨大力量，以及国家的道德基础。[40] 由于这个观念的提出，晚期爱默森似乎终于解决了自己哲学中抽象理性的问题；可是，我们看到他并没有给出一个哲学的解释，而是直接将这种抽象理性进行了政治上的具体化界定。而依照这种逻辑，爱默森可以以一种完全正面和赞同的态度来面对美国历史和社会之中包含的，善恶纠结的事件，并将它们归结到一种"理想的美国"自我实现的过程中去。在晚期爱默森最为重要的一篇散文《命运》（"Fate"）中，他将宇宙秩序比喻为一种"美丽的必然性"（a beautiful necessity）；而与此相对，在另一篇重要的散文《力量》（"Power"）中，他说到"如果要我在最文雅的和最有力量两者之间选择，我会倾向于后者"；但是这种"力量"，按照爱默森的说法，无差别地体现在美国的商业，对墨西哥的战争，对黑奴的私刑，战士，海盗，和新英格兰机器轰鸣的工厂之中。[41] 爱默森不必对这些事件作出任何道德的分析和评判，因为"任何的恶都有自己的补偿"。《命运》一文中记述道，"那数以百万计的德国和爱尔兰移民，就像黑奴一样，命中注定要成为肥料。他们飘扬过海，来到美国，以他们的苦难与劳作使我们的小麦变得廉价，然后在老年来临之前就已死去，他们的命运只是在中西部大草原连绵的青翠之中留下一个个小小的黑色坟茔"，但是爱默森仍然可以认为这一切都是美国社会中"力"的表现方式，而人真正的自由是服从并服务于"那美丽的必然性"。[42] 爱默森并不是一个漠视道德的哲学家，只是在这个"补偿"法则的观照之下，似乎一切的罪恶和苦难都被罩上了一层乐观的光环。这大概是爱默森思想中最难以让人信服的部分。

然而，令人感到颇为吊诡的是，爱默森思想中最富争议的部分却恰好使他能够进入美国思想主流并成为一位"本土文化意识"的代表。"理想的美国"这一观念的提出使得爱默森在对于美国的批评与认同之间达到了一种游刃有余的平衡。因为，一方面，爱默森可以凭借"理想的美国"来批评美国现实生活中的问题；而在另一方面，这种批评从逻辑上讲又是对于"理想的美国"的肯定。萨克温·伯克维奇（Sacvan Bercovitch）在他重要的批评著作《肯定的仪式》（*The Rites of Assent*）一书中，颇为精辟地分析了"理想的美国"这一观念如何能够使任何对于美国现实的质疑最终都变成在意识形态层面对于美国的肯定，爱默森也不例外。这种对于美国所拥有的"特殊的普遍性意义"的描述，按照伯克维奇的看法，要始于清教徒对于美国作为一个"新耶路撒冷"的宗教想象，尤其是约翰·温斯罗普（John Winthrop）和科爱默森 1870 年 11 月 13 日致 F. B. 桑伯恩（F. B. Sanborn）信中谈及钱宁（Ellery Channing）《流浪者》（*The Wanderer*, 1871）。
选自 F. B. Sanborn, *The Personality of Emerson*, 1903。

顿·马瑟（Cotton Mather）的著作（后者和爱默森一样，也曾任职于波士顿第二教堂）。爱默森对于"理想的美国"观念的讨论，从思想史的角度来看，是美国的意识形态自我批判和自我肯定模式的在历史上从宗教到政治的转换。[43] 晚期爱默森的思想在形而上学层面上的改变使得他带有保守色彩的政治想象成为可能。也许爱默森自己也能够意识到，他对于"理想的美国"的描述与他的好友，也受到德国哲学影响的美国史家乔治·班克罗福特（George Bancroft）提出的，美国所担负的"昭昭天命"其实是神意相通的两个版本。[44] 美国学者斯蒂芬·温彻从另一个重要的角度，也分析了晚期爱默森思想保守化的根源。爱默森早期思想的激进性根本上来源于他对于理性的抽象定义，这使得任何形式的超验和提升最终都无法被具体化为社会性的经验，所以在早期爱默森的思想中，所有的社会现实，伦理秩序以及文物制度都变成一种完全偶然性的存在。晚期的爱默森则转向了对于"力"的赞美和肯定，但是和卡莱尔的英雄崇拜理论不同，爱默森并不认同在社会中存在着一个具有领导作用的精英阶层。如果没有这个精英阶层，按照温彻的看法，爱默森对于"力"的崇拜和他对于平等的要求必然导致两个结果：一是所有人都变成"超人"，而社会则会陷入一种霍布斯所说的"全面的战争状态"，这是一种没有道德可能的无序和混乱，因为对于"力"的崇拜并不等同于对"道德"的崇拜；另一个结果则要求爱默森必须设定一种能够统摄个体"力量"的"统一性"，这种"统一性"可以在有序的演化过程中安排个体的位置和功能，并且保证整体秩序的稳定。爱默森对于遵守"补偿法则"的"命运"的讨论，以及对于作为"命运"政治对应物的"理想的美国"的阐述，显然是源于他对于后一种结果的选择。在后一种模式下，爱默森原来设想的，不受任何外在秩序约束的个体自由就变成了一种被安排在整体性秩序之内的"力"和"潜能"的发挥。于是，爱默森原来激进的个人主义哲学就蜕变成了一种"团体性的个人主义"（corporate individualism），其中个体被要求履行服从的义务并相信一种近乎盲目的乐观主义——这是爱默森晚期保守倾向的基本逻辑。[45]

　　然而，对于今天的中国人，我们该如何解读这位美国思想传统中奠基性的人物？如果阅读爱默森的作品或参阅爱默森的研究文献只能使我们迷失于无数不同的，爱默森的"具象"——激进的改革者，柏拉图式的理念论者，自我依赖的提倡者，美国本土文化的发轫者，或者保守的，美国"昭昭天命"的诠释者，那么其中哪一个才是"真实"的爱默森呢？也许，这个提问题的方式本身就值得反思；也许我们更应该关注的是爱默森的思想对于我们的意义。对于中国人，我们的确应该从学理上了解爱默森个人主义哲学的缘起，它的基本结构和逻辑，以及爱默森思想的演变过程。这是一项基础性的工作。但是，最终我们应该回到自己的语境和关怀之中去理解和思考爱默森的价值。当然，这不是说我们可以按照自己的需要来肢解或曲解爱默森的个人主义，而是要我们从文明的发展和现代化进程的角度，去衡量爱默森的价值，包括他的思想中那些内在的矛盾和冲突。因此，我们也许不必遵从伯克维奇的分析思路，把爱默森当成一个例子去批判美国帝国主义的文化表现形式。显然，这并不是爱默森对于今天中国人最大的价值所在。为了理解爱默森个人主义哲学的价值，我们也许应该有能力跳出美国本身的语境和逻辑去思考。爱默森，和托克维尔一样，是民主制度一个非常重要的观察者和阐释者。爱默森看到了民主制度的不足之处，看到了自然权利本身并不足以创造一个充满活力和价值的民主社会。爱默森个人主义哲学的提出，如同超验主义运动本身，是为了给当时物欲横流的美国文明开出一个精神、价值和道德的维度；因此，他们所做的工作当然不会遵照富兰克林的逻辑和理想。此外，对于个人心灵无限性的讨论，包括对于独立思考的重视，都是为了对抗民主制度中容易形成的"平庸的大多数人的暴政"；因为爱默森和他的同仁们深刻地认识到民主制度中蕴涵着"自由"与"平等"之间的价值冲突。按照美国学者乔治·科塔布（George Kateb）的观点，爱默森个人主义哲学的确没有一个明显的社会参与意识，但是由于其对于"精神和智性层面的自我依赖"的坚持，却能够为民主制度开拓出一个有价值的批判现实和独立思考的维度。[46] 杜威在纪念爱默森的文章中称爱默森是"民主的哲学家"（注意并非"美国民主的哲学家"），其原因就在于爱默森的思想表现了民主制度中个人对于自由价值的追求，表现了一种创造性的，甚至可以搅动现实秩序的思想力量，表现了一种要使哲学直面现实处境的努力和一种试图将哲学与普通人的日常经验结合起来的可贵尝试。杜威对于爱默森的评论当然带有他自己的关怀，而且也显然没有仔细研究晚期爱默森的哲学演变。但是杜威对于爱默森的评价——"民主的哲学家"——是恰如其分的。爱默森的价值就在于他的哲学能够给予我们一个非常好的，关于民主制度持续思考和阐释的范例。当我们在思考民主和文明进步的历程时，爱默森的思想是一个宝贵的资源。即使如伯克维奇所说，爱默森的哲学根本上维护了美国自由主义的意识形态，但是我们也可以在其中发现美国民主制度能够进步的一个重要缘由，即它能够在政治认同与政治异见之间找到一个动态的平衡，一种"创造性的对抗"。同样，爱默森对于"个人的精神无限性"的信仰不单纯是一种唯我主义的偏执；从现实的角度看，他体会到一个文明的演进不能只依赖于物质欲望的放纵和泛滥，而必须寻找到一种在精神和道德上提升个体的人的方式。当然，爱默森的哲学也让我们看到抽象理性可怕的虚无主义后果，看到平等的价值不能依靠一种完全抽象的理念来保证；和自由的价值一样，平等也需要一种具体化和伦理化的实现方式。爱默森的个人主义哲学从来都是充满矛盾的，因为民主，作为一种生活方式，本身就是一个充满矛盾和不断演进的过程；爱默森思想的内在矛盾就在于斯，而爱默森思想的宝贵价值也在于斯。爱默森告诉他所有的读者，一个民主和文明的社会任何时候都不可或缺精神的维度；他也提醒我们实现一种作为生活方式的民主远比民主的意识形态和民主的政治制度要更加复杂，更加艰难。

---

[1] 关于杜威对于爱默森的评价，见 Dewey, John, "Emerson—The Philosopher of Democracy," *International Journal of Ethics*, Vol. 13, No. 4. (July, 1903), 第405—413 页。关于布鲁姆对于爱默森的评价，见 Bloom, Harold, *Agon: Towards a Theory of Revisionism* (Oxford：Oxford University Press, 1982), Chapter 6 "Emerson：The American Religion", 第 145—178 页。

[2] 关于爱默森家族的历史，参见 Gonnaud, Maurice, *An Uneasy Solitude: Individual and Society in the Work of Ralph Waldo Emerson* (Princeton, NJ：Princeton University Press, 1987), 第 6—7 页。

[3] 关于爱默森与他的姑姑玛丽·穆迪·爱默森的关系，参见 Richardson, Robert

D., *Emerson: The Mind on Fire*（Berkeley：University of California Press，1995），第
23—28 页。

[4]　关于爱默森在哈佛求学的经历，以及哈佛当时的思想状况，参见 *Emerson:
The Mind on Fire*，第 29—40 页。关于 17 世纪英国思想和文学对于爱默森的影响，参
见 Roberts，J. Russell，"Emerson's Debt to the Seventeenth Century," *American Lit-
erature*，Vol. 21，No. 3（Nov.，1949），第 298—310 页。

[5]　关于爱默森任波士顿第二教堂助理和正职牧师时期的经历，见 *Emerson: The
Mind on Fire*，第 84—95 页。

[6]　参见爱默森辞去神职时向教区信众说明原因的布道词，布道词见 Porte，Joel
and Morris，Saundra，ed.，*Emerson's Prose and Poetry*（New York：W. W. Norton and
Company，2001），"The Lord's Supper," 第 17—26 页。

[7]　参见 Porte，Joel，ed.，*Ralph Waldo Emerson: Essays and Lectures*（New York：
Literary Classics of the United States，Inc.，1983），"An Address to the Senior Class in Divinity
College，Cambridge，July 15，1838," 第 75—92 页。

[8]　关于这两篇文献，见 Ware，Henry，"The Personality of The Deity，a Sermon
Preached in the Chapel of Harvard University，September 23，1838,"以及 Norton，Andrew，
"A Discourse on the Latest Form of Infidelity," 该文收入 Perry Miller 主编的文集《超验主
义者》，具体见 Miller，Perry，*The Transcendentalists*（Cambridge and London：Harvard
University Press，1950），第 210—212 页。

[9]　参见 Bishop，Jonathan，"Emerson and Christianity," *Renascence*，Vol. 50，No.
3—4（Spring/ Summer 1998），第 221—237 页。

[10]　关于詹姆斯·马什的序言，见 Marsh，James，"Preliminary Essay," *The Tran-
scendentalists*，第 34—39 页。关于 19 世纪美国超验主义运动最为全面和深入的介绍当
属美国学者芭芭拉·帕克（Barbara Packer）为《剑桥美国文学史》所撰写的，长达二百
多页的精彩文章"超验主义者"（"The Transcendentalists"），具体见 Bercovitch，Sacvan，
ed.，*The Cambridge History of American Literature*，Volume 2，1820—1865（Cambridge，
UK：Cambridge University Press，1995），第 331—604 页。

[11]　关于爱默森与布鲁克实验农庄（the Brook Farm）之间的纠葛，参见 *Emer-
son: The Mind on Fire*，第 337—344 页。

[12]　关于 1850 年妥协案，以及爱默森的强烈反应，见 *Emerson: The Mind on Fire*，
391—399 页。关于这篇爱默森一生中不多见的政治演说稿，参见 *Ralph Waldo Emerson:
Essays and Lectures*，"Address to the Citizens of Concord on the Fugitive Slave Law," 第 359—

371 页。

[13] 统一神教（Unitarianism）（相对于主张"三一论"的 Trinitarianism）是 19 世纪影响美国（主要在新英格兰地区）的主要基督教流派之一。相比于比较草根，且带有原教旨主义色彩的基督教流派（比如 Evangelicalism），统一教属于一种相对"开明"的流派，强调理性和宗教的道德本质，否认原罪论和人性本恶的说法。统一神教在新英格兰的兴起一般可以认为是基督教试图调和自身与启蒙以来的新思想和新科学之间的矛盾，因此它反对传统清教的基本教义，并逐渐在新英格兰的主流社会和大学获得主导地位。在波士顿地区，统一神教主导了哈佛神学院，而同城的安多佛神学院（the Andover Seminary）则保持了清教的传统。与此同时，"大觉醒"运动的领导人物，神学家乔纳森·爱德华兹（Jonathan Edwards）倡导的，用洛克经验论改写过的清教教义仍然在普林斯顿大学居领导地位。关于这部分的历史和思想背景，可以参见芭芭拉·帕克的文章《超验主义者》中的有关叙述，具体见 *The Cambridge History of American Literature*（Volume 2, 1820—1865）。新英格兰一神教的代表人物无疑是威廉·厄勒里·钱宁（William Ellery Channing），而阐述统一神教教义最为经典的一篇文献就是钱宁著名的"巴尔的摩布道词"，又称《统一神教的基督教》（"Unitarian Christianity"）（http：//www. americanunitarian. org/unitarianchristianity. htm）。一方面，统一神教接受了洛克的经验论，强调理性的必要性，反对所谓的宗教的"狂热"思想（religious enthusiasm）；另一方面，统一神教仍然坚持自己的基督教身份，并没有放弃基督教的几个基本信仰，尤其是人格化的上帝（Personal God），《圣经》的绝对真实性以及耶稣的神性，也强调教会权威的重要性和理性本身的有限性。这几个基本的因素既使统一神教受到超验主义者的攻击，也是统一神教能够与当时新英格兰保守的工商业和文化精英结成联盟，居于社会主流的根本原因。

[14] 参见 Kern, Alexander, "The Rise of Transcendentalism 1815—1860," 收于 Clark, Harry Hayden, ed., *Transitions in American Literary History*（Durham, North Carolina：Duke University Press, 1953），第 247—313 页。

[15] 新英格兰超验主义者对于康德哲学的误读主要可以归纳为两个方面。首先是在知识论方面，康德没有将人的智性（the Intellectual Faculty）划分为 Understanding 和 Reason 两个方面。人的智性是统一的，根据先天十二范畴的基本形式对于经验进行理解和判断。经验知识的获得与人对于超验世界的思辨（the Dialectic of Reason）都是智性的运用方式，只是在理性思辨的过程中，智性不再依赖感觉（sense perception），而是运用纯粹的概念范畴（the pure concepts of Understanding）进行对于超验世界（the Intelligible World）的形而上学建构，而由此得出的判断均陷入一种"二

律背反"（Antinomies of Pure Reason）。由此可见，康德没有将经验知识归于"知性"（Understanding），同时将"理性"（Reason）设定为一种特殊的智性领域，专门以直觉的方式来获得关于世界的"超验法则"。此外，在道德哲学层面，康德并没有将道德的法则（the Moral Laws）归于"理性的直觉"。按照康德的道德哲学，首先道德的基本法则完全可以通过人的理性推演得出；其次，由于"幸福"（Happiness）和"美德"（Virtue）在现实的经验世界中往往是相悖的，恶人得到幸福和善人倒毙沟壑之类的事情比比皆是，由此人会自然而然地去设想一个理想的世界（the Intelligible World）来最终解决这个难题。我们关于上帝和灵魂不朽的信仰都是出于人的理性自由和道德法则的实践需要；这与新英格兰超验主义者（包括爱默森）想象的，作为道德法则基础的"理性直觉"是完全不同的。关于超验主义者对于德国哲学的误读，比较重要并值得参考的是勒内·韦勒克的《碰撞：十九世纪德国，英国和美国思想与文学关系的研究》中的相关讨论，具体见 Wellek, Réne, *Confrontations: Studies in the Intellectual and Literary Relations between Germany, England and the United States during the Nineteenth Century* （Princeton, NJ：Princeton University Press, 1965），尤其是第五章 "The Minor Transcendentalists and German Philosophy" 和第六章 "Emerson and German Philosophy"。

[16]　见 Miller, Perry, *The Transcendentalists* （Cambridge and London：Harvard University Press, 1950），第 35 页。

[17]　见 *Ralph Waldo Emerson: Essays and Lectures*，第 21 页。本文中爱默森原文的译文参考了赵一凡等人的中译本《爱默森集：论文与讲演录》（北京：生活·读书·新知三联书店，1993 年版），但是由于中译文的错误和辞不达意之处太多，所以均按照爱默森的英文原文进行了重译。

[18][19]　见 *Ralph Waldo Emerson:Essays and Lectures*，第 33 页，第 20 页。

[20]　参见 Packer, Barbara, *Emerson's Fall: A New Interpretation of Major Essays* （New York：The Continuum Publishing Company, 1982），第 107 页。

[21][22]　见 *Ralph Waldo Emerson:Essays and Lectures*，第 47 页，第 68—69 页。

[23]　关于普罗提诺宇宙论的详细介绍，参见 A. Hilary Armstrong 的 "Neo-Platonism"，该文收入 Philip Wiener 主编的《思想史辞典》，具体见 Wiener, Philip, *Dictionary of the History of Ideas: Studies of Selected Pivotal Ideas* （New York：Charles Scribner's Sons, Publishers, 1973），第三卷 （Vol. 3），第 371—8 页。

[24][25]　见 *Ralph Waldo Emerson: Essays and Lectures*，"The Over-soul," 第 386 页，第 388 页。

[26] 参见 Cameron，Sharon，"The Way of Life by Abandonment：Emerson's Impersonal，"*Critical Inquiry*，Vol. 25（Autumn 1998），第 1—31 页。卡梅隆文章详细地分析了爱默森对于超验自我的"非人格化"定义，其要点在于指出这种"非人格化"的想象具有的伦理学层面的问题。当自我的精神体验的前提是消解掉个体之间的差异，那么精神体验的过程也就无法在逻辑上承认他人的存在，而精神体验的过程就变成了一个"占有他人"的过程。"他人"的存在被分解和吸收为主体精神活动过程中的"事件"。在伦理学上，是一种非常危险的倾向。本文与卡梅隆的关注点有所不同，更加注意这种抽象的理性造成的，实践层面的"无力"和价值层面的"虚无"。

[27] 关于爱默森哲学中抽象与具象之间的矛盾，批评家从各自的角度多有论述。试举三例：David Van Leer 在 *Emerson's Epistemology*（Cambridge，UK：Cambridge University Press，1986）一书中从知识论的角度分析了爱默森哲学中由于此种"形式"（form）与"质料"（substance）之间的分裂，而引起的认识论层面的混乱。斯蒂芬·温彻（Stephen Wincher）在其重要的著作 *Fate and Freedom: an Inner Life of Ralph Waldo Emerson*（Philadelphia：University of Pennsylvania Press，1953）则主要从伦理学的角度分析了这种"纯粹的主体性"（purity）和"现实的力量"（power）之间的断裂如何造成爱默森在晚期走向一种保守，甚至是"团体性"的个人主义。Leonard Neufeldt 在 *House of Emerson*（Lincoln and London：University of Nebraska Press，1982）也非常精辟地分析了爱默森思想中的这个内在矛盾，但是同时他也指出爱默森任何通过"转化"的方式试图解决这个问题。爱默森的自我和思考存在于一种不停顿的转化之间，而不像温彻所说，是悬置在"纯粹主体"和"现实力量"的两难之间。本文对于"转换—变形"模式的讨论受到了 Neufeldt 著作的启发，但是爱默森调和抽象理性与具象经验的方式不只有"转换"模式一种，晚期的爱默森转向的是一个以"补偿原则"为主宰的模式；而这种模式的转变是爱默森思想趋于保守的根源。

[28] 关于罗素·洛威尔（Russell Lowell）的比喻，转引自 *Fate and Freedom: an Inner Life of Ralph Waldo Emerson*，第 32 页。

[29] 参见 *Emerson's Fall: A New Interpretation of Major Essays*，第 92—93 页。

[30][31][32][34][35][36][39][41][42] 分别参见 *Ralph Waldo Emerson: Essays and Lectures*，第 598—599 页，第 10 页，第 205—206 页，第 412 页，第 217 页，第 412 页，第 287 页，第 977 页和第 950 页。

[33] 这段爱默森日记中的话转引自 *House of Emerson*，第 63 页。

[37] 参见 *An Uneasy Solitude: Individual and Society in the Work of Ralph Waldo Emerson*，第 10 章 "Exploring the Problems"，第 298—340 页。

[38] 关于这个观点，比较有代表性的一位批评家是 Michael Lopez，关于爱默森 "力量" 的观念如何能够被看成是美国民主自我完善中必须的 "创造性的对抗"（a creative antagonism），参见 Lopez 的文章 *"The Conduct of Life*：Emerson's Anatomy of Power"，此文被收入 Porte，Joel and Morris，Saundra，ed.，*The Cambridge Companion to Ralph Waldo Emerson*（Cambridge，UK：Cambridge University Press，1999），第 243—65 页。

[40] 关于 "理想的美国" 的最有代表性的表述参见爱默森晚期的一篇政治文章《共和国的命运》（"Fortune of the Republic"），具体见 Robinson，David，ed.，*The Political Emerson: Essential Writings on Politics and Social Reform*（Boston：Beacon Press，2004），第 185—206 页。此外，关于爱默森如何将内战与 "理性的美国" 的实现结合以来，参见 David Robinson 的文章 "Emerson's 'American Civilization'：Emancipation and the National Destiny，" 该文被收入 Garvey，T. Gregory，ed.，*The Emerson Dilemma*（Athens and London：University of Georgia Press，2001）。此外，关于爱默森对于 "理想的美国" 的想象是如何从他对于欧洲 1848 年革命和随后兴起的社会主义思潮的反感中产生出来，并在其作品中逐渐成形的问题，可以参见萨克温·伯克维奇（Sacvan Bercovitch）的重要著作 *The Rites of Assent: Transformations in the Symbolic Construction of America*（New York：Routledge，1993），特别是其中关于爱默森的第 9 章 "Emerson，Individualism，and Liberal Dissent"，第 307—52 页。伯克维奇对于爱默森个人主义的基本评价认为它是在美国的自由主义意识形态框架之内发展出的一种社会批判理论。爱默森个人主义对于社会改革的巨大力量不能被忽视，但是我们也不能忽视这个理论在其基本逻辑上是反对任何版本的社会主义思想，在其根本逻辑上既维护又批评美国的社会和政治制度。

[43] 参见 *The Rites of Assent: Transformations in the Symbolic Construction of America* 一书的 "Introduction：the Music of America"（第 1—29 页）和第一章 "Ritual of Consensus"（第 30—67 页）。

[44] 关于美国的 "昭昭天命" 的理念，参见 *The Rites of Assent: Transformations in the Symbolic Construction of America* 一书的第六章 "Continuing Revolution：George Bancroft and the Myth of Process"（第 168—193 页）。

[45] 参见 *Fate and Freedom: An Inner Life of Ralph Waldo Emerson*，第 130—131 页。

[46] 参见 Kateb，George，*Emerson and Self-Reliance*（Thousand Oaks，California：Sage Publications，Inc.，1995）。

哈耶克与凯恩斯经济理论的分岔处

—— 重读哈耶克的《价格与生产》与凯恩斯的《通论》

韦森

在 20 世纪 20 年代末到 40 年代初，在伦敦和剑桥之间曾发生了当时的两大经济学家哈耶克与凯恩斯的有关货币理论与商业周期的理论论战。这场理论论战影响甚广，波及面也很大。不但当时英国的一些著名经济学家如罗宾斯（Lionel Robbins）、斯拉法（Piero Sraffa）等都直接参加了这场论战，而且美国、瑞典、奥地利和德国的许多经济学家也参与了其中。现在看来，这场论战不但催生凯恩斯的《通论》这部在 20 世纪对人类社会运行和经济理论发展影响最大的著作，也促使哈耶克殚精竭虑地写出了《价格与生产》（1931）、《货币理论与贸易周期》（1933）、《利润、利息与投资》（1939）和《资本纯理论》等一系列理论艰深的经济学著作，并由此与瑞典的经济学家缪尔达尔（Gunnar Myrdal）一起获得了 1974 年诺贝尔经济学奖。

然而，尽管 20 世纪 30 年代的哈耶克与凯恩斯的这场理论大论战影响深远，且对 20 世纪的人类经济社会的进程实际上影响深远，但是无论是在国内，还是在国际上，多年来关注和真正二哈耶克 1931 年在伦敦经济学院开始任教时照的官方肖像照。

人经济学思想和他们理论分歧到底在哪里的经济学家并不多。在国内，虽然大多数经济学人都知道有过哈耶克与凯恩斯的这场大论战，但他们论战的内容是什么，分歧点在哪里，现实的政策主张有哪些差别，乃至最后这场论战又是如何结束的，却没有多少人真正了解。即使在国际上，尽管在论战的凯恩斯主义和奥地利学派的双方阵营中在自 20 世纪 50 年代到最近几年都有多部凯恩斯和哈耶克传记的出版，但是即使一些经济学家关于他们二人的传记在计数和回忆他们二人的这场争论时，也大都是匆匆提到、语焉不详。这就导致在世界范围内真正理解这场争论以及二者经济学理论观点和真谛的并不是很多。这说来有两个方面的原因：一是在以古典经济学为主流的当代经济学中，乃至当代宏观经济学中的各种凯恩斯主义学派（包括后凯恩斯主义和新凯恩斯主义）的经济学家们并不看重和认真研究以米塞斯、哈耶克和罗斯巴德为代表的奥地利学派的商业周期理论；而反过来一些奥地利学派的当代传人一提到凯恩斯和凯恩斯主义，就成了他们"要强烈抨击"甚至"要打翻在地要再踏上一只脚"的对象，几乎众口一致地把第二次世界大战后的几次世界的几次经济危机、通货膨胀乃至 1973 年石油危机后出现的"滞涨"现象全部归咎为西方各国听从凯恩斯的经济学说和采取凯恩斯主义宏观政策的恶果。结果，论战双方阵营的一些当代传人，几乎都被自己的理论信仰和强烈信念遮蔽了自己理论研究和思考的视线，从而很少有双方的经济学家们去心平气和地乃至理性地去研究和探究对方的理论逻辑和话语。这就导致了现在这样一种局面：一方面奥地利学派的经济学家大都不怎么去认真研读凯恩斯（这其中 Gottfried von Haberler 和 Roger W. Garrison 可能是两个例外，这两位奥地利学

J. M. Keynes

凯恩斯的漫画。

派背景的经济学家可以说既懂哈耶克，也懂凯恩斯，并能平和地和理性地分疏这两位 20 世纪最伟大的经学家的思想和理论差异）；另一方面，以凯恩斯主义为主流的宏观经济学家们（包括种种新凯恩斯主义者和后凯恩斯主义者），则根本不怎么去关注米塞斯和哈耶克的货币与商业周期理论。

目前，美国和西方各国深陷 2008 年下半年以来世界经济衰退的萧条中，复苏步履维艰；另一方面，中国、印度等金砖国家最近又呈现出经济增速下行的征兆。在这样的世界经济格局下，重温 20 世界 30 年代哈耶克与凯恩斯之间有关货币、利息、信用、资本形成和商业周期发生机理的大论战，重新认识人类进入现代社会后经济危机发生的深层原因和复苏机理，不但具有经济学说史上的理论意义，也显然有着极强的、切实的和巨大的当下意义。

到现在为止，我们已经知道，哈耶克的货币、利率、投资和商业周期理论，与凯恩斯的经济理论，同源于瑞典经济学家魏克赛尔（Knut Wicksell）的货币经济思想，而"自然利率"（natural rate）则是魏克赛尔经济理论的基石性概念。然而，无论在理论论证上，还是在现实政策导向上，哈耶克与凯恩斯则截然相反。受米塞斯的影响，哈耶克认为，如果银行人为将信贷利率压低到"自然利率"之下，会导致过度投资和不当投资，引起社会生产结构的错配，从而认定货币政策是商业周期的根本原因，而不是解药。相反，在《货币论》中，凯恩斯则认为，在现代市场经济中，市场利率与自然利率的背离，是经济波动根本原因，乃至是英国多年经济萧条的病根，因而凯恩斯主张，要由央行人为操纵并压低贷款利率，并通过政府引导和干预投资，改变企业家和人们的预期，使经济恢复充分就业均衡。

哈耶克与凯恩斯的货币经济思想大致同源，且使用同样的经济学术语，但却得出完全不同的结论，并由此产生了不同的政策导向。这到底是如何发生的？这个问题又牵涉到一些更深层的问题：什么是自然利率？自然利率是如何决定的？这显然又回到了瑞典学派的经济学家魏克赛尔所使用的"自然利率"（natural rate of interest）概念那里去了。

从经济学思想史上来看，早在 1691 年，英国哲学家和经济学家约翰·洛克（John Locke）以写给英国一位议员的信的形式所出版的小册子《论降低利息和提高货币价值的后果》中就使用了"自然利率"的概念。洛克认为，货币的借贷利率会围绕着自然利率上下波动，而自然利率取决于一国货币数量的多少以及一国货币数量与商业贸易总量之比。[1] 半个多世纪后，英国一位经济学家约瑟夫·马西（Joseph Massie）匿名出版了《论决定自然利率的原因》一本几十页的小册子，批判了洛克的货币名目论（朴素的货币数量论）的自然利率决定论，提出了"自然利率是由工商企业的利润决定的"观点，从而被马克思称赞为是一本"划时代的著作"。[2]

到了奥地利学派那里，庞巴维克（Eugan V. Böhm-Bawerk）在 1890 年出版了其名著《资本与利息》，书中一上来就讨论了"利息"与"自然利息（率）"概念，提出"利息"可分为"自然利息"和"契约或贷款利息"（Contract and Loan interest）。庞巴维克认为，资本所得产品的价值超过生产过程中所耗费物品价值所获得的利润，就叫"自然利息"。[3]

作为庞巴维克的学生，魏克赛尔在《利息与价格》中继承并发展了庞巴维克的思想，使用了"自然利率"（请注意他用的是"资本的自然利率"[natural rate of interest on capital]）"贷款利率"两个概念，并提出了"贷款利率迟早总是要向资本的自然利率水平趋向一致"这一核心思想。按照魏克赛尔的"货币均衡论"，自然利率原初包含了两重含义：（1）借贷以实物进行时的利息率；（2）借贷资本供求一致或者说储蓄等于投资时形成的均衡利率（哈耶克在《价格与生产》中多使用"均衡利率"概念）。但问题和麻烦是，魏克赛尔在解释"自然利率"这一概念时，其含义一开始就比较含混。譬如，在《利息与价格》中，他把"资本的自然利率"首先界定为"不使用货币、一切借贷以实物资本形态进行时由供求关系所决定的利率"，[4] 但在后来的《讲演集》中，他自己也放弃了这一含混的界说，他把"自然利率"认作为"正常利率"、"真实利率"，而实际上把它理解为商业利润，或用魏克赛尔本人的话来说，是"预期的利润率"。[5] 魏克赛尔的"自然利率"本身含混不清，到了哈耶克与凯恩斯那里，他们侧重了两重含义一个方面的理解，发生了二人经济理论思路和政策主张的根本性分岔。

魏克赛尔原初的"自然利率"的含混，均被哈耶克和凯恩斯两人所认识到了。譬如，在 1933 年出版的《货币理论与贸易周期》的小册子中，当哈耶克谈到哈尔姆（G. Halm）对魏克赛尔自然利率的第一个定义（即"不使用货币、一切借贷以实物资本形态进行时有供求关系所决定的利率"）的商榷时，他说：一个社会的"单一利率（a uniform rate）只有在货币经济才能形成，因而 [魏克赛尔] 的这一分析整个并不成立"。尽管如此，哈耶克还是接受了魏克赛尔的"自然利率"这一概念，并认为它是比"真实利率"（real rate）更为合适的一个概念。[6] 只不过哈耶克主要是从储蓄和投资相等时的均衡利率来理解"自然利率"的，这一点与凯恩斯在《货币论》阶段上对"自然利率"的理解是相同的。

同样，凯恩斯在写作《货币论》和《通论》阶段，也认识到了魏克赛尔"自然利率"概念的含混性。譬如，在第17章第6节，凯恩斯就明确地说："在我的《货币论》中，我把可视为最重要的唯一利息率称作为自然利率……即储蓄率与投资率相等的利率。我当时相信，我的定义是魏克赛尔的'自然利率'的发展和明确化。"凯恩斯接着指出："然而，我在当时所忽略的一个事实是，根据这个定义，任何社会在每一个就业水平上都会有一个不同的自然利率。同样，相对于每一个利率，都存在一个使该利率成为'自然的'利率的就业水平，即该经济体系的利率与就业处于均衡状态。……当时我还没有懂得，在一定条件下，经济体系可以处于小于充分就业的水平"。"我现在认为，过去被我当作在学术发展上似乎是有前途的'自然'利率的概念，对我们现在的分析不再很有用，也不再具有任何重要性"。[7] 由此看来，尽管魏克赛尔被经济思想史学界视作为凯恩斯经济学的思想先驱——或者反过来说凯恩斯素来被认为是魏克赛尔思想的忠实传人和发展者，但今天看来，事实却是在凯恩斯扬弃了或者说超越了魏克赛尔的思想和理论，才发展出了他的《通论》中所提出的国家"干预说"。

当然，魏克赛尔那里，已经初具了国家干预银行体系的思想雏形。譬如，在《利息与价格》以及《政治经济学讲义》中，魏克赛尔基于他的货币均衡论所提出的现实政策主张是，要不断变更银行利率，使贷款利率与自然利率保持一致。因为，照魏克赛尔看来，资本主义经济运行是自发的，但会走向不均衡，因而主

哈耶克1948年在伦敦经济学院讲课。

哈耶克在朝圣山学社1947年初会议上的一次讲话，米尔顿·弗里德曼在左侧远处，路德维希·冯·米塞斯在右侧远处。

张银行在正确理论的引导下自觉地进行利息率的调整，以同"资本的自然利率"保持一致。凯恩斯在《货币论》中继承并发扬了魏克赛尔的这一思想，认定一个社会的物价是否稳定与经济是否均衡，取决于投资与投资是否相等，而投资与储蓄是否相等，又取决于市场利率是否与自然利率相一致。因而，凯恩斯的《货币论》的具体宏观政策建议是，要对银行体系进行金融管理，操纵并调节银行利率，来影响投资率，以使投资与储蓄相等，把经济从萧条中恢复出来。正是从这个意义上，魏克赛尔被公认为是凯恩斯经济学的理论先驱。

虽然魏克赛尔是国家干预银行和金融体系思想的始作俑者，他并不相信货币政策的万能。譬如，在他的经典著作《利息与价格》一书的结尾，魏克赛尔就警告世人说："那些冀望从货币手段中出现奇迹的人，应该认识到这样一个公认的事实：货币并不会生儿育女——即使会的话，贵金属和银行券也是饥不可为食、寒不可为衣的。"尽管如此，魏克赛尔还是指出，"撇开这些不健康的幻想，遵循合理途径的货币改革，肯定是最重要的经济问题之一"；由此他主张，"价格变动完全自由，只是在银行审慎计划的指导之下"。[8]

同样接受了魏克赛尔的银行贷款利率与自然利率的背离与差异会对消费品物价和生产资料价格产生影响，并最终会影响资源的配置和生产的结构，奥地利学派的中期传人米塞斯和哈耶克则得出了与凯恩斯完全不同的结论。基于对古典经济学传统理论的信念，即人类社会现代经济体系应该是一个自然过程，哈耶克却对魏克赛尔的思想作了这样的解读："魏克赛尔的学说可以简要地说明如下，如果没有货币因素的扰乱的话，利率将会被这样地决定：使储蓄的供求相等。他把这个均衡利率（我宁愿这样称呼它）命名为自然利率。"哈耶克还补充道："只要货币利率等于均衡利率，则利率对物价的影响就是'中性的'"，"从而保证了物价的稳定"。由此，哈耶克形成了他的货币理论的核心观点："构成货币影响生产的理论分析之出发点的，不是货币价值是否稳定，而是货币是否保持中性。"由此哈耶克得出了与凯恩斯完全不同的政策导向：如果经济萧条到来之后，如果央行和商业银行系统人为扩张信贷，创造人为的需求，"那就意味着，一部分可用资源再一次被引导至错误的方向，并使一种决定性和持久性的调整再一次受到阻碍。即使闲置的资源的吸收因此而加速，也只等于为新的纷扰和新的危机埋下了种子。"[9]

对于用银行信用扩张和人为压低市场利率到自然利率之下的政策选项来避免危机的发生这一做法，米塞斯在《货币与信用理论》一书中说得更尖锐和和直接："毫无疑问，各银行能够延缓崩溃的发生；然而，一如之前所指出的那样，一旦信用媒介的循环扩张不再可能，衰退之时就必然到来。于是，灾难遂告发生，而且，贷款利率被压低到自然利率之下的时间越久，不符合资本市场实情的迂回生产过程被采用的程度越大，结果将会越糟糕，而反市场趋势的力量也将更加强大。"[10]

在《通论》中，凯恩斯曾指责米塞斯和哈耶克的这种观点是"一种奇怪的"、"异常简单化"的理论推理。[11]在西方经济学界和思想史学界，也有人一直批评米塞斯—哈耶克的"经济危机理论"是一种纯理论推理，并没有现实的数据资料支持和史料验证。然而，1929—1933年世界大萧条之前美国多年的货币和信用膨胀以及通货膨胀，接踵而至的是多年的大萧条；乃至2008—

哈耶克，1931 年。

凯恩斯与萧伯纳，剑桥菲茨威廉博物馆，1936 年。

2009 年以来的这场世界性的大萧条之前美联储和许多西方国家多年的低利率政策，也没有阻止 2008—2009 年的世界经济衰退的突然降临，难道不一次次印证了米塞斯—哈耶克的这种理论推理？同样，在当前中国经济的宏观经济格局中，再读米塞斯和哈耶克的货币与商业周期理论，我们也真怀疑米塞斯和哈耶克的这些话是对 80 多年前的西方社会而说的。

也许历史再一次验证米塞斯—哈耶克的推理是正确的？

2012 年 6 月 10 日初识于复旦
2012 年端午节定稿

---

[1] 约翰·洛克，《论降低利息和提高货币价值的后果》，徐式谷译，北京：商务印书馆 1962 年版。

[2] 约瑟夫·马西，《论决定自然利息率的原因》，胡企林译，北京：商务印书馆 1992 年版，第 42、75 页。

[3] 庞巴维克，《资本与利息》，何昆曾、高德超译，北京：商务印书馆 2010 年版，第 7 页。

[4] 魏克赛尔，《利息与价格》，蔡受百、程伯撝译，北京：商务印书馆 1959 年版，第 82 页。

[5] 参见林达尔，《货币和资本理论的研究》，陈福生、陈振骅译，北京：商务印书馆 1963 年版，第 202—203 页。

[6] Hayek, Friedrich A., *Monetary Theory and Trade Circle* (New York：Sentry Press, 1933), pp. 209—211.

[7] Keynes John Maynard, *The General Theory of Employment Interest and Money* (London：Macmillan, 1936), pp. 242—243.

[8]　魏克赛尔,《利息与价格》,蔡受百、程伯撝译,北京:商务印书馆 1959 年版,第 156、158 页。

[9]　Hayek, Friedrich A., *Price and Prodcution*（London:George Routledge & Sons, 1935）, pp. 23—24, p. 31, pp. 98—99.

[10]　Mises, Ludvig von, *The Theory of Money and Credit*（New Haven:Yale University Press, 1912/1953）, pp. 365—366.

[11]　Keynes John Maynard, *The General Theory of Employment Interest and Money*（London:Macmillan, 1936）, p. 192.

流亡者与他的双重世界

——舒茨的《社会世界的现象学》的背景及其生活世界的三重意义

孙飞宇

At the very moment

When man admits

That he knows less than ever

About himself…

There seems to have arisen

A new courage of truthfulness…

He is developing

A new kind of self-consciousness…

——Max Scheler，from the Preface to *Man's Place in Nature*

福柯在给《反俄狄浦斯》这本书的序中说如此总结在二战之后二十年间的欧洲思潮：

在 1945—1965 年间（我指的是欧洲），横亘着某种正确的思维方式，某种政治话语的样式，某种知识分子伦理学。人们不得不去亲近马克思，人们不能够偏离弗洛伊德太远。而且，人们还不得不对符号系统——能指——表示出最大的敬意。这三方面的要求奇怪地盘踞了写作和言说的领域，成为广为接受的衡量个人及其时代的真理。

福柯的这段话并非以正面的口吻说出，不过还是点出了现代社会理论／思想的几个大的来源。但是由于这是给《反俄狄浦斯》这样一本试图将西方马克思主义和精神分析传统结合起来的著作所做的，所以福柯并没有点出现代社会理论的另外一个巨大的思想来源：现象学的传统。

社会学理论经典三大家的作品，都以丰富著称。在最为一般的阅读体验中，我们都好像是在阅读大江大河，有一种雄阔辽远的感觉。舒茨的作品给我们的印象则完全不同。比较起经典三大家的作品来，舒茨的作品更像是一个精致的日式花园。日本式庭院有很多流派的布局，但是基本思路都是一样的，就是在有限的范围里再现大自然的美，并以象征的方式来表达山水的无限意境。非常微小，非常精致，但是与此同时，包容宇宙万物于其中。阅读舒茨的作品，如同是在跟和经典三大家完全不同的一个人打交道。这个会跟你说，"不管这个世界怎么变，让我们先安静一下。"

舒茨是吸引我进入社会理论思考的第一位思想家。我在最初读他的作品时，就是被他的这种态度所吸引。于我而言，这一态度实在是非常珍贵，尤其是在当下的中国。但是这一日式花园式的平静，并不意味着舒茨的作品是一个很平面的东西。恰恰相反，从舒茨的生平和他的思想史渊源入手，我们会发现他的作品背后隐藏着巨大的张力。

　　舒茨生于 1899 年，犹太人，中产阶级家庭出身，在维也纳长大成人。值得注意的是，在舒茨青少年时代的维也纳，正是一个发生时代巨变的时代：这是弗洛伊德、石里克及其维也纳小组、维也纳经济学派的维也纳，是各种新派的艺术家、建筑学家和音乐家层出不穷、并与思想界一样，都力图创新，摆脱旧时代的维也纳。在这一时代背景之下，舒茨本人的经历和绝大部分的社会理论家都不一样。他首先是一位银行家。他从 1929 年开始在维也纳银行（Viennese bank）工作，一直干到他去世的几年之前。在去世以前没多久，他终于承受不了过度劳累的工作，准备辞掉银行的工作，接受纽约社会理论新学校的教职。他接替的是当时刚刚去世的考夫曼教职。但是在 1959 年，舒茨在辞掉银行的工作以后没多久，很快就过世了。关于他的五十多岁的一生中的生存状态，我很喜欢用胡塞尔介绍舒茨的一句话来概括。当胡塞尔读了舒茨的第一部著作，亦即本文要讨论的《社会世界的现象学》一书以后，写信给他当时在巴黎的另外一位学生古尔维奇（Aron Gurwitsch）说："在维也纳有位年轻人，他白天在银行上班，晚上则成了一名现象学家。"用舒茨研究者的话说，这种典型的双重生活（double life）。

　　这种双重生活有一种更深含义：舒茨成长的生活史，同时也是奥匈帝国瓦解的历史。这一历史在著名的小说《好兵帅克》中体现的特别明显。正如米兰·昆德拉在讨论小说的历史中所说，无论是在荷马史诗中，还是在托尔斯泰那里，战争都有着特别明确的目的和意义。人们知道自己是为了爱情，或者是为了祖国而战。在特洛伊的战争中，双方的战士都是为了美丽的海伦而战。在托尔斯泰的作品中，人们是为了俄罗斯而战。但是当帅克和他的战友们在走向前线的时候，则完全不知道自己是为了谁而战。而且更重要的是，他们也不关心。所以在这本小说里，帅克所代表奥匈帝国的臣民们对自己的政治认同既完全茫然无知，也毫不关心。帅克甚至分不清楚到底哪个方向才是前线和战场。他在前往战场的路上经常迷路，经常走在相反的方向上，往往还兴高采烈。他不再为国家大事而开心，只要能喝上两杯啤酒，他就是世界上最快乐的人了。这是奥匈帝国没落期的普通人普遍的状态。舒茨的双重生活，在最初，一个普遍的意义上，乃是正是这样一种找不到自我认同的表达。但是在后来，这种双重生活就有了另外一种现代性的意涵。

在1933年以后，从20世纪转折以来，在柏林，维也纳，布拉格等等欧洲的学术重镇一直成长起来的现代社会科学，开始遭受纳粹的沉重打击。这一打击最为显著的表现，就是流亡哲学家群体（philosophers in exile）。1933年的时候，美国政府资助法国的一些知识分子成立了一个移民的委员会，专门帮助受到纳粹威胁的德国知识分子移民美国。这批人当中的相当一部分，到了纽约，成为了社会研究新学校（New School for Social Research）的研究生院的主要教授。而在胡塞尔的介绍下，已经成为舒茨的好朋友古尔维奇当时在巴黎教书，并同时在这一委员会里工作。1938年，他成功地帮助舒茨及其家庭从维也纳逃了出来。但是没有多久，法国也受到了纳粹的威胁。他们又只好从巴黎流亡到了美国。在这期间，由于舒茨是一位银行家，所以他承担起了帮助许多其他的流亡学者的工作。这一工作一直持续到他接受了纽约社会研究新学校的工作为止。所以在此期间，舒茨一直都是在过着一种双重的生活，甚至是多重的生活。不过这种双重性，还有另外一种更深层的，同时作为一个普通人与作为一个流亡者的双重生活。

这是我们理解舒茨的这部《社会世界的现象学》的起点。舒茨早期和晚期对于生活世界和社会世界这一概念的使用颇为含混。一般认为，舒茨在这部著作里所使用的"社会世界"这一概念即为"生活世界"的意义。所以我们在此一律以生活世界代之，来讨论舒茨关于生活世界的几重意涵。但是在此之前，我们必须要先来了解一下舒茨的基本思想史背景。

舒茨的现象学社会学当然是以胡塞尔的工作为基础，而对以韦伯为代表的社会学进行讨论的。作为胡塞尔的学生，舒茨为社会学提供了一种现象学的基础。他的工作的起点，就在于胡塞尔对于意义问题的理解。所以我们在读舒茨的作品时，会发现他具有特别纯粹、干净和宁静的特征。在这里，胡塞尔在实质学理上的影响当然是首要原因。因为舒茨讨论的，首先不是一个外部世界的问题，而是一个悬置后的世界。但是在舒茨这里对于整个世界的悬置与胡塞尔的大不相同。作为一个流亡的哲学家，舒茨所悬置的世界不再是一个常态的世界，而是一个要迫害自己的日常生活的世界，是一个他自己在其中不断逃亡，并且每日都迫于生存压力的世界。所以舒茨的悬置，首先悬置掉的是对于日常生活的怀疑，而非对日常生活进行怀疑。这是他与胡塞尔一个非常不同的地方。

要从现象学传统中的一些基本问题开始理解舒茨，就必须要回到1935年的胡塞尔。在1935年，也就是胡塞尔去世的前三年，他做了一次关于欧洲科学危机的演讲。胡塞尔认为，"欧洲的"这个概念，指的是一种精神认同，是与希腊哲学一起诞生的一种认同。欧洲的哲学传统的核心在于，将这个世界理解为一个有待解决的问题。也就是说，我们要理解这个世界，包括我们自己。即遵从著名的"认识你自己"这一欧洲的古老格言。在这个演讲中，胡塞尔提出欧洲科学的危机——实际上是科学所带来的危机——在于，从伽利略和笛卡尔以来的欧洲科学传统，将这个世界简单地化简为技术和勘探的对象。科学在表面上把人提升到自然的主宰者的位置，但实际上人已经被技术自身所简单化和制约化了。在这一过程中，人把自身的生活世界（die Lebenswelt）遗忘掉了。所以科学越是发展，人就越是如盲人摸象，不见世界的整体。

但是舒茨并非全面地否定胡塞尔。舒茨对于意义问题的讨论，在相当的程度上基于现象学的努力。所以要理解本书的核心概念，就必须要返回到胡塞尔的工作里去。胡塞尔于1900年发表《逻辑研究》，并开始提出他的现象学的概念。现象学在他这里，首先是一种讨论认识论的学科，即它首先是一种方法和思维的态度。在《现象学的观念》一书中，胡塞尔讨论了现象学的还原与悬置。

所谓还原，即是先验的还原，即还原到纯粹的主体性上去。还原有几条路径，在胡塞尔看来，主要是康德的路径和笛卡尔的路径。所谓康德的路径就是提出认识论的问题。提出我们要重新反思我们自己认识的可能性。也就是说，认识如何能够与被认识的客体达到一致，我们如何超越自身去把握和切中客体。用歌德的话说，"我爱你，可是这和你有什么关系呢？"对这一问题的反思，胡塞尔认为，我们可以通过对这一认识论的反思，达到一种自然科学无法达到的严格意义上的科学——因为自然科学并没有认识论的问题。在这里，胡塞尔的思考与他后来在《欧洲科学危机与超验现象学》这本书里的思考一致。

进而，胡塞尔通过笛卡尔达到了他自己的还原。因为笛卡尔的我思的概念提供了这样一种起点：笛卡尔成功地证明，思维是一种绝对的明证性的东西。但是笛卡尔所提供的只是一个起点。思维之所以能够是一种绝对明证性的东西，原因在于它是一种纯粹内在的东西。但是我们不能够天然地就认为，思维对于外在的东西具有一种明证性的切中。所以胡塞尔认为，他通过现象学所做的工作就在于，进行认识论的还原（reduction），排斥所有的超越，把认识论的领域限制在内在。但是这一内在不是指我们的思维，而是指"纯粹自身被给予性的领域内……限制在那些完全在其被意指的意义上被给予之物和在最严格的意义上自身被给予之物的领域内，以至于被意指之物中没有什么东西不是被给予的。一言以蔽之，限制在纯粹明证性的领域内"（胡塞尔，1986：53）。

所以在胡塞尔的讨论中，他不仅像笛卡尔那样，将整个外部的世界全都给悬置掉了，更进而把我们的经验内容给悬置掉了。通过这一步骤，胡塞尔在最终具有自我证明性的意识中发现了个体最具确定的东西。这一东西，在胡塞尔那里，就是面对事实本身的事实。就是现象学的现象。

"朝向事实本身"这句现象学著名的口号，在胡塞尔这里，首先有着严格的思考范畴的意义。在《纯粹现象学和现象学哲学的观念》里，胡塞尔提出，为了发现知识的真正基础，我们需以科学的态度来对待意见和各种态度，包括传统的各种哲学观念和思维模式。

事情本身当然不等于自然事实或经验事实。所谓面向事情本身，基本是指一种以反思态度来面对我们的认识行为及其内容。由此我们就进入了胡塞尔现象学思想的内在开端，即客观对象与原本的主观的被给予方式之间的先天相关性（Korrelationsapriori）。胡塞尔在他晚年著作《欧洲科学危机与先验现象学》一书中认为，他的哲学历程之中最为首要的突破就在于此：在经验对象与被给予方式之间的先天相关性的突破。这种突破体现在胡塞尔对于现象认识的主观方面的强调：即意识的意向行为，简言之，意向性。

在《现象学的观念》中，胡塞尔如此理解意向性："意识总是作为某物的意识。"（胡塞尔，1986：48）这是胡塞尔和舒茨那里意识的基本特征。也是舒茨行动理论和作为有意义的生活世界之起点。也正是基于此，舒茨基本上同意韦伯诠释社会学中对社会意义的重视。但是他明确提出，韦伯尚未对意义的问题有一个透彻的分析。无论是韦伯，还是他的学生帕森斯，都止步于意义的世界之外。对于舒茨来说，意识正如一条永不停歇的河流。我们的经验在日常生活中不断沉浸到过去，并最后汇集为经验图式，以在手知识（knowledge）的形式，随时随地与我们共在。所以舒茨的生活世界，首先是一个有意义的世界。这一意义的基础就在于上述胡塞尔的意向性。

不过，对于舒茨来说，日常生活与生活世界有着截然不同的意涵。人的日常生活是一个多重的世界。现代人的碎片化的生存状态以及舒茨由此而来的努力，成为了我们理解生活世界的第一层含义。

在本书中，舒茨描述了现代行动者的多重世界。每个人在其日常行动之中都有着许多各自不同的世界。在这些世界彼此之间的跨越要通过一种震惊（shock）的方式。所以在舒茨这里，每一个现代人，都被分成了若干个部分。他在每一个部分，和另外一个部分，是没有办法直接沟通的。而只能通过震惊的方式互相跨越（jump）。而当这样的世界越来越多时，我们就只有一种碎片化的存在了。而这正是舒茨本人的生活的直接体现。

舒茨试图通过将日常生活理解为至尊现实这一概念，来将所有这些碎片化的，不同的世界统一了起来。这一日常生活的概念，首先是是一种内在世界。是深藏于每个人内心的意识流。在这里日常生活与生活世界貌似合二为一。不过，我们知道，在舒茨成长的时代，正是资本主义高度发展，城市、机械和现代官僚体系开始入侵日常生活的时代。正如茨威格在他著名的自传中所说，在一战之前的欧洲，诸如护照之类的用以区分国别的身份证件并未被使用。而旅行对于当时的欧洲人来说，是一件颇为私人的事情。茨威格的这个记述表明，一战以前的欧洲正像是一个堂吉诃德的世界。所谓堂吉诃德的世界是说，当堂吉诃德想要远游的时候，他不需要跟官僚体制打任何交道，只需要准备他的行囊，叫上桑丘就可以出发。然而，在一战之后，堂吉诃德的自由开始消失。同时，历史也开始消失。所谓历史开始消失，是说传统的宏大历史，开始成为个人生活的背景。如上所述，这种状态，在《好兵帅克》里表达的特别清楚。当然，是米兰·昆德拉所评论中的《好兵帅克》。而历史的缺乏，又与上面所说的一种个人生活的异化结合在了一起。这就是舒茨在他的生活世界里所描述的"匿名化"的意义脉络。这一匿名化和机械化的存在，在当时许多人看来，乃是生存的荒谬性的来源之一。而自我的经验，在这里就成了舒茨用以对抗人的存在的荒谬性的手段。舒茨在本书中着重讨论了"我们的生活的意义来自于何方？"这一问题。我们行动的意义来自于何方？只能来自于我们的经验。我高兴乃是因为我的现在的状态对于我的过去有意义、有价值。所以舒茨的日常生活的概念与生活世界的概念实际上又有巨大的差别。上述舒茨作为至尊现实的日常生活，实际上更像是生活世界的概念，即，是将外部的世界还原为内部的世界，并力图来对抗外部世界的概念。在这一内部中，大千世界，无所不有。在舒茨看来，我们的灵魂只有在这一世界中才有可能获得安宁和幸福，我们只有在经验中才能够获得自我。所以在这个意义上，舒茨的生活世界的概念，和本雅明的图书馆的概念是一样的，都是用过去来对抗现在的壁垒。因为个体是通过意义的问题来使得自我成为了一个统整的人。但是这种统整的人，比较起传统上的概念来说，是非常不一样的。因为这是一种承认自己开始不懂得这一世界的前提之下的自我。所以舍勒（Max Scheler）才会说，这一种自我意识，是一种勇敢的真理性，是一种带有勇气的，"面对事实本身"。所以在这里，面对事实本身，就是面对自我本身。

也正是在这个意义上，陌生人和沟通的可能性在舒茨的作品中非常突兀地显现了出来。他人成了一种不可知的。而每个行动者都成了流亡的陌生人。

而这正是舒茨在这本书里对行动（action）和行为（act）的区分的直接背景。舒茨表明，行动一定是即时性的，是发生在行动者的每一刻当下的，是可以打开自明的自然状态的东西。那么，自然是什么？就是我们日常在行动中的每一刻所打开的世界，并因此也是我们的科学研究的必然所在。正是在这一点上，社会和自然的概念联系到了一起。也正是在这一点上，行动的概念在社会学的研究中获得了核心的地位，并成为我们进入舒茨的生活世界之第二层意涵的起点。而对这一层意涵的理解，要从舒茨的流亡开始。

在 1938 年，被迫逃离维也纳，在欧洲辗转流离，最后定居在美国。一般来说，舒茨、阿伦特、古尔维奇、施特劳斯这些人为代表的流亡哲学家，代表了一个欧陆哲学时代和传统的终结。所以这些流亡哲学家不仅代表了一种逃离一种文化的现象，进而，他们并不仅仅是逃离二战以前那个时代的欧洲，不是逃离，而是说，那个欧洲已经不存在了。所以对他们当中的大多数人来说，这一流亡，不仅指生活和政治意义上的流亡，更意指着一种精神状态上的流亡。正如阿伦特所说：对于大屠杀，我们无法在西方的传统之中找到纳粹主义的线索，无论是历史传统的线索，还是思想史传统的线索，无论是德国的传统，还是整体欧洲的传统。阿伦特认为，所有西方的传统，无论是"托马斯·阿奎那还是马基雅维里，无论是路德还是康德，无论是黑格尔还是尼采，都对灭绝集中营所发生的一切，或者是所谓的'德意志问题'，没有一丁点儿的责任"（Arendt，2005: 108）。所以我们无法从传统上来解释纳粹主义。极权主义的核心特征，也即"整体统治"（total domination）也与历史上某些所谓暴君统治不同，因为极权主义的实质，即"恐怖统治"（rule by terror），与暴君统治的实质，即恐惧统治（rule by fear）有根本上的区别。所以阿伦特认为，纳粹主义是西方历史传统（包括德意志传统）的一次"断裂"（breakdown）。

所以我们可以想象，当舒茨这些人惶惶然如丧家之犬，在欧洲各地被驱赶和流亡，最终定居到了美国时的心情。对他们来说，这种流亡在其实质意义上是他们所献身的思想传统的一次彻底决裂。现实彻底粉碎了他们的信仰。他们的流亡实际上是双重的流亡，既是政治意义上的流亡，也是精神和思想意义上的流亡。

在 20 世纪 30 年代和 20 世纪 40 年代，在美国有一种专门的词叫做 refugee scholars，即是难民学者，针对的就是舒茨这批流亡学者。舒茨在他的社会世界或者生活世界的构建中，所表现出来的这一完美的世界模型，其深层的意涵之一，就是对过去的生活的重构。在舒茨的世界中，每个人都特别孤独地走在自己的意识时间、甚至是生活世界里。所谓孤独，指的当然不仅是沟通的不可能性。行动与行为的断裂在此体现了出来。对于舒茨来说，一个流亡的哲学家，首先是一名流亡者，无法预见未来，无法确保自己能否在明日起床以后，仍然生活在一个正常的世界和正常的生活中。过去的经验，无论是舒茨所谓的手头的知识库，还是阿伦特所谓的整个欧洲传统的思想史，都没有办法在流亡的这一刻派上用场。无论如何，这一世界变成了一个巨大的难题。

所以我们说在舒茨的作品中，只能发现个人生活史，而没有别的历史。这一点指的正是这两种意涵：既是世界史在现代的丧失，也是思想史的丧失。所以舒茨表达出来的，是一种特别现代性的都市人的感觉。他的流亡，又何尝不是我们每一个人的状态呢？他的流亡是一种寓言，因为在他看来，我们每个人都是在流亡，在现代性的都市中流亡。但是舒茨在这一流亡中的心态，用他的好朋友古尔维奇的话来说，就是，恰恰相反，我们仍然爱这个世界，我们不想和我们的过去，和我们成长于其中的这个世界决裂。如果在被迫离开欧洲，不再作为一个欧洲人而生活的时候，"如果需要随身带上什么，那么它就是使得我们成为我们之所是的历史性力量"（Grathoff，1989: XVI）。

这是理解舒茨的社会现象学的最基本出发点。是他的思想的核心。所以在舒茨的社会世界的中心，是一种面对面（face to

face）的情境。在这一情景下的基本场景是我们共同成长（grow up together）。这是我群关系的基本意涵。

> 面对面的情境中，时间和空间具有直接性，即双方共享一个时空共同体，保持意识流的同步性，并且在面对面关系中，双方彼此觉察到对方的存在，并参与彼此的生活，双方的关系是一种"纯粹的我群关系"。（Schutz，1972：190）

在舒茨看来，这是在当时的世界非常缺乏，但是却非常重要的东西。只有在这一情境下，我们才有彼此沟通的可能性，我们才能有构建一个新的，有生机的世界的可能性。所以他才说，"纯粹的我群关系"衍生出所有"我对特殊他人的直接经验，以及我对同时代人世界之认识的原始正确性"。这么说是因为舒茨认为当时没有一种对于特殊他人的直接经验和认识的原始正确性。特殊他人，指的难道不是他自己吗？我们只有有了共同生活的历史，才有可能对彼此有直接经验。而这一直接经验，显然和对他人的这种理想类型是不一样的。但是现代性的都市里慢慢增长并且占据主导地位的，不就是这种理想类型吗？而这一理想类型所导致我没有对他人的直接经验和认识，导致的没有对他人的原始正确性，会直接引发我们彼此间的误会，误解，乃至仇恨。也就是用某种观念来取代对于人的本身的认识。而这一取向的最明显的证明，不就是纳粹对于犹太人的构陷和屠杀吗？

　　舒茨特别悲观地看到，在他流亡的途中，也是在每一个现代都市人的流亡的途中，这一可能性几乎不存在了。在一个陌生人的都市里，在一个流动性特别大的现代社会，我们没办法和以前那样，做到共同成长，可以有一个特别固定的我群关系。这一可能性现在变得微乎其微。我认为，这是舒茨的作品里特别厉害的地方，也是我十年以后再读他的时候，感觉与十年前不一样的地方。这也是我认为要理解生活世界这一核心概念的第二层。

我们理解他的生活世界的第三层意义，与他对现代社会科学的讨论紧密相连。舒茨曾跟他的朋友说，在流亡中，特别容易体会到虚无主义。与胡塞尔将现代的危机归结到现代科学不同，舒茨认为，问题存在于生活世界与科学之间的关系。他说社会学家们都热衷于讨论冲突，但却经常看不到这一冲突是现实的，并且具有会对他们产生影响的现实的后果。我们当然不能将这一后果归结于社会学自身。舒茨说：

> 只要社会学宣称解开这个世界的谜，要去处理人的本质性问题，要将认识论的诸种概念回溯到社会存在，那么，社会学就已经坠入了虚无主义的深渊。（Grathoff, 1989: XVII）

现代性的虚无，总而言之，是一个方法论的问题。为什么这么说呢？首先，是极端的形式化和数学化导致科学研究忘记了它自身的基础乃是我们的生活世界；其次，是说越来越深入的学术分界，使得我们不能够以面对事实本身的态度来理解行动的个体及其世界。但是在这里，这正是舒茨在这本书里的行动理论的贡献：从意义的角度，来重建一个行动者的世界——拒绝一种关于日常生活的超验的理解。而进一步的建设性工作，则这已经是舒茨在他后期的许多作品里所处理的主题了。

参考文献：

胡塞尔：《现象学的观念》，倪梁康 译，上海：上海译文出版社，1986；

Arendt, H., & Kohn, J., *Essays in understanding*, *1930—1954: formation*, *exile*, *and totalitarianism* (New York: Schocken Books, 2005).

Grathoff, Richard (ed.), *Philosophers in Exile: the Correspondence of Alfred Schutz and Aron Gurwitsch*, *1939—1959*, Trans. by I. Claude Evans (Bloomington, IN: Indiana University Press, 1989).

Schutz, Alfred, *The Phenomenology of the Social World*, translated from the German by George Walsh and Frederick Lehnert ; with an introduction by George Walsh (London : Heinemann Educational, 1972).

欲辨已忘言：中国模式的争议

李华芳

最近这几年关于"中国模式"争议纷呈，尤其是从 2008 年美国"次贷危机"以来，意识形态上习惯了"冷战后遗症"的人，在这个问题上几乎陷入了亢奋癫狂的状态。有些争议当时看似热闹，其实并没有真正推进对中国模式的理解。这篇文章在时隔几年之后来回顾围绕这个主题的争论，希望能推进对这个话题的理解。

1 什么是中国模式，有没有中国模式？

一个首要的问题是：什么是中国模式？如果没有各自清晰的界定，容易陷入各说各话的境地，可惜的是，这也是何以之前的争论并没有针锋相对的原因所在。

关于中国模式的争议，要回到"华盛顿共识"这个话题。在 1989 年的时候，世界各个重要的社会主义国家，都发生了政治上的重要变化，东欧和拉美诸国最终离开了社会主义阵营。经济学家约翰·威廉姆森（John Williamson）于是提出了一个所谓的"华盛顿共识"用以指导拉美变革后的经济改革，他的主张包括"国企私有化、取消对企业的管制、金融和贸易自由化、削减公共福利开支以及防止通货膨胀"，这些经济主张意在"帮助"当时的拉美国家，得到了世界银行和国际货币基金组织的强力支持，由于这两个机构提供给发展中国家大量的资金支持，这些附加的经济政策也被移植到发展中国家大量推行。由于这在现实中被广泛接受，也成就了所谓的"华盛顿共识"，但这一共识引发的后果至今具有很大的争议。

在发展中形成"依附"丧失了自己的"独立性"以及带有"阴谋论"色彩的西方刻意造成发展中国家陷入"贫困陷阱"而始终无法赶上西方，是对"华盛顿共识"最大的挑战。而以美国为代表的发达资本主义国家在2008年开始的这一轮金融危机中损失惨重，也对在"华盛顿共识"之下的增长模式造成了巨大的挑战。而与此同时，中国的经济表现依旧强劲，似乎提供了一条与众不同的道路。这一道路被高盛公司的顾问乔舒亚·雷默（Joshua Cooper Ramo）称之为"北京共识"，与"华盛顿共识"相对应。雷默在英国外交政策研究中心发表了题为《北京共识》的报告，提到了"北京共识"中最重要的三个特点是"创新、民生、自主"。

雷默实际上并不认为存在一个统一的理论，而是说中国的经验里充满了灵活应变的经验，更像是一种务实的处世方法而并非一套所谓的成熟理论。这个解释经常被没有研究过雷默报告的光听"北京共识"的人所忽略。不过从雷默报告中也可以看出，实际上并没有什么所谓的"北京共识"，因为这一混乱充满矛盾的说法尽管提出一些特征，但并没有统一固定的内容。例如针对创新，雷默实际上并不特别强调制度和管理上的创新。而对于中国发展并没有统一目标而陷入混乱的状况中，雷默提出由于中国不可能达成一个自上而下的衡量标准，因此也无法局限于 GDP 增长，需要追求其他的目的，用生活质量而不是用人均 GDP 来衡量发展，但雷默又并不区分地方政府和中央政府之间的不同，缺乏更多的细节去支持其论证。另外在国际秩序中，中国并不依附追随，而是坚持捍卫自己的主权和国家利益，尤其是在台湾问题上表现强硬。

实际上，雷默的报告还论及其他方面，例如中国改革的渐进性，并拥有"不对称力量"的工具，例如大量的美元储备。在这篇充满物理学比喻的报告里，却没有一个关于"北京共识"的精确定义。这种模糊性和概念中的张力与"和谐社会"有异曲同工之妙。通俗点来说，就是关于中国模式的说法没有统一的答案，这或许也是后续关于中国模式的各种看似热闹实际无交锋的争议的原因所在。让我们来仔细看看赞成和反对中国模式的两方到底在说什么，或许能够回答到底有没有"中国模式"这个问题。

2 一言道尽张维为，逻辑惊悚不足观

张维为在《中国震撼：一个文明型国家的崛起》一书中以令人惊悚的逻辑阐释了他眼里的中国模式，尽管在我看来这一话题完全超出了作者能力能驾驭的范畴。张维为当然也未能定义什么叫中国模式，但也在不同场合屡次提出了中国模式的八大特点：

实践理性、强势政府、保持稳定、民生为大、渐进改革、顺序正确、市场经济以及对外开放。与多数不学无术的只有观点没有论证的说辞一样，八大特点中间相互影响乃至相互矛盾之处，均没有得到妥善论证和处理，乃至显得有点杂乱无章。在针对每一个特点进行阐释的时候，多下断语却没有谨慎的论证，以至于让人得出了错乱的印象。

例如在论及实践理性的时候，张维为就犯了"顾名思义"的错误，并没有考虑到这个"实践理性"在康德哲学传统中有特指，乃是实践主体的"意志"。而张举了个例子想说明中国模式是有实践理性的特征，说中国的改革都是先试点后推广，不仅实践主体已经不对，更不是针对"实践主体的意志"而言。当然这样的辨析实际上太抬举张维为了，我并不认为其具有"批判"思考的能力。张维为在谈及这一问题时还令人"震撼"表明：世界实践表明没有一个国家可以通过多党制和一人一票实现现代化。这种论述的错误并不是仅在表面上与历史不符合，例如说美国实现了现代化，也有多党民主制；而是说在民主制度和现代化两者之间"因果关系"并不清楚，自然不能拿来当成靶子批。

这种震撼型的论述在张维为那里并不少见。在论及强势政府时，张提到中国的强势政府是能为本民族长远利益而制定政策的政府，撇开政府与民族之间的关系暂且不论，也可以客观上观察到中国赤贫人口的减少，但由此得出推论"连计划生育都推行不了，怎能削减贫困"就未免太过骇人听闻了，这中间惊险的逻辑大跃进已经到了让人瞠目结舌的地步。这延续到了张关于"良政"问题的论述，张认为中西之分不在效率而在是否良政，而是不是良政则在于是否为人民服务。那么为人民服务到底要怎么衡量呢？在一堆套话中你很难发现已经非常成熟的标准之一"问责"。大部分中国模式论的支持者都认为一个强大的中央政府和党对问责而言非常重要，但没有人解释中央政府的责任谁来监督和制衡的问题，只是归结于中央政府和党的"中性"性质，也就是没有私利。如果是中央政府和党没有私利，那么何以到了地方就会出现腐败呢？如果说地方尚有监督条件下都能出现陈良宇案这样的大型腐败案件，那么没有监督的地方又会有怎样的灰色呢？总之，张关于良政的论述由于缺乏必要的学理支撑，而落入了口号的俗套。

但真正让人震撼的还远不是书中罗列的用来注水的大量媒体报道，而是关于"文明型国家"崛起的论述。让我先从稳定和渐进改革说起。大体上中国改革期间维持了比较稳定的社会，这个观察不错，尽管也有内部的社会运动，但至少没有大型的对外战争。根据张维为的看法，由于中国采用了"共产党加市场经济"的模式，比西方的市场经济模式更有作为，没有上所谓的休克疗法的当主要是由于邓小平利用了现有体制中可以利用的部分。但这些"现有体制"中可以利用部分是从哪里来的呢？这得益于中国古老的文明传统。张维为在《中国震撼》中的精华部分也在此，根据张的说法，"这个文明国家具有自己的历史文化底蕴，不会照搬西方模式，会沿着自己独特的轨迹和逻辑继续演变和发展。并且这种文明型国家有能力汲取其他文明的一切长处而不失去自我，并对世界文明作出原创性的贡献，因为它本身就是不断产生新坐标的内源性主体文明"。要使得张所谓的"文明型国家"的崛起能够成立，就必须要证明中国的文明一直是延续的并且没有中断过，不仅唐宋元明清是一个逻辑，而且从孙中山到蒋介石再到毛泽东也还是一个逻辑，马克思主义传入中国一直到文革后也没有中断儒家学说，邓小平的改革开放也能从中华文明的源头处找到说法，简而言之，外国思潮对我们没啥影响，马克思主义和华盛顿共识的影响也已经被我们创造性转化。换句话说就是有"中国特色"并且"与时俱进"同时又是"五千年文明的延续"，这样一个无法用言语概括的怪胎就是张自己也搞不清楚的"中国模式"。并不是把汉字排在一起，弄上 250 页，它就能叫一本书的。如果说阅读本书真的有什么好处的话，那就是一个人识得几千字后应能从阅读此书中获得智力上油然而生的优越感。

3 三纲四常十二支，模式实是潘维体

另一位中国模式的支持者潘维的论述，则要相对而言系统很多。在其主编的《人民共和国六十年与中国模式》一书中，潘维系统阐释了他的"中国模式"论。有意思的是，潘维也认为中国模式的基础是中华文明的延续性，这既包括几千年代王朝史、也包括 60 年来的试错以及已经被消化为中华文明有机组成部分的外来文明。在这个意义上，潘维认为中国模式就是新版的中华体制。但这其实是一种"捣糨糊"的说法，由于时段跨度太长而用统一模式来概括，其结论未免会显得可笑而不自知。因为在这样长时段的时间序列里，自相矛盾和冲突的历史事件实在太多，农民革命与改朝换代显然不是试错，而什么是被中华文明吸收消化的外来文明同样有待细查，毛泽东时代与邓小平时代对中国经济发展的策略也不一样，所以我认为潘维的这一番论述并没有什么可取之处，与张维为也没有太大区别。

但当潘维把目光聚焦在共和国 60 年的时候，其看法值得一说。潘维充满了乐观和自信，在字里行间毫不掩饰，并且雄壮提出中国模式挑战了西方经济学知识里的"市场与计划两分"，西方政治学知识里的"民主与专制两分"，以及西方社会学知识里的"国家和社会两分"。我认为先不必急于求成讲挑战了什么经典定理，西方经济学、政治学和社会学内部都充满张力，科斯未见得同意市场与计划的两分，如果计划是被限定在企业内部的管理的话；而民主与专制的两分也受到治理范围的限制，但一般而言的确无人反对民主制度是反专制的，或者说尽量避免专制之害；至于国家和社会关系在社会学界吵得一塌糊涂，至少米格代尔（Migdal）之后，两分法早就过时了。所以这类中国模式挑战了经典理论的说法是存疑的，太过任意拔高了。

潘维将中国模式分解成三个子模式：国民经济模式、民本政治模式以及社稷社会模式。并且这三位一体的独特模式尚不是中国成功的全部原因，还要加上中国思想模式以及颇具特色的中国外交模式，但潘维并没有讨论什么是中国思想模式和中国特色的外交模式到底特色在何处。

不过在国民经济问题上，潘维至少提出了一个值得考虑的问题，即前后 30 年是不是连续的，用后 30 年打倒前 30 年是不是有问题。具体而言，中国经济增长的奇迹是后 30 年拨乱反正的成就，还是人民共和国 60 年来的成就？潘维的观点很明确，成就是 60 年的。我觉得有两个大幅下降是这种统一时段的模式没有办法解释的，第一个是 50 年代末 60 年代初，第二个是 80 年代末 90 年代初。而且之所以有前后 30 年的划分，主要是计划经济模式转型到市场经济模式，逐渐从控制命令型经济往发挥市场作用的方向走，区分前后30年并非全然没有道理，因为毕竟发生了巨大的转型。不过潘维并没有提及这一点，只是从前30年的平均GDP增长率超过6%推出这为后30年的平均GDP增长率接近两位数奠定了基础，其主要的理由是工业政策的一致性。在我看来，这忽略了两个重要的事实，即国有企业的民营化改革以及产业结构的外向型调整，尤其是重工业的转向以及出口贸易行业的兴起，这很难说是一以贯之的工业政策。

潘维还任意改变了古典增长模型，以适应其政治、经济和社会三纲之下各有四个分支。在古典增长模型中主要考虑土地（生产资料）、资本和劳动力，潘维认为应该增加一个"企业"作为第四个要素，实际上企业在经济学的处理上往往是"土地、资本、劳动力"的函数，而企业家才能中最要紧的一条就是能将各种要素组合在一起。所以增加企业作为第四个要素并没有太大的说服力，并且也造成了变量之间的自相关性，却在后头没有得到解释和处理，因此只能说潘维的这个国民经济四个支柱的理论构建不是很成功。

潘维对四个支柱的进一步解释也让人有点丈二金刚摸不着头脑。潘维认为中国的经济模式由四个支柱构成：国家对土地的控制权和民间的有限土地使用权；国有的金融和大型企业及事业机构；以家庭和社区中小企业为基础的自由的劳动力市场；以家庭和社区中小企业为基础的自由的商品—资本市场。后两者容易理解，但潘维认为前两者是其别出心裁而很多人视而不见的。比如潘维认为国家通过对土地及生产资料的控制和平均分配维持了中国农村社会的稳定和工业基建的低成本，但事实情况可能不是如此，土地财政的逻辑比较符合地方政府卖地求发展的特征，因此尽管可能维持了工业的低土地成本，但却造成了由于征地引发的一系列不稳定事件，从河北定州案、汕尾太石村到最近的乐清寨桥村和陆丰乌坎村事件，都表明国有土地体系并不是稳定的保障。

同样，潘维对国有金融体系和大型企事业单位能较好的支持国有企业、国防以及大量的民生事业，防止被西方操纵，并且获得了与西方巨头相竞争的能力。我认为这种观察同样也是错漏百出的，最大的问题是忽略了一个显而易见的事实，即国有部门的多元化，如果不是民营化的话。以四大国有银行上市为例，这与潘维所说的相反，更多走向依靠市场而不是依靠国有。至于搬出史上的"盐铁官营"用来说明中国模式中国有成分的历史悠久，恐怕也是找错了方向，体制完全不同，不具有可比性。我不太理解的是，在谈及中国模式时狠命强调共和国60年，而在述及具体经济时穿越到封建时代找证据，那种源远流长的文明根源论本质上或许是一种精神上的思乡病。

为了解释这种官民分工协作的国民经济模式，潘维对应提出了民本政治模式，主要特征是以民为本，选贤举能。并且民本政治是国民经济的基础，是中国模式的中间层。这个民本政治也有四支组成：现代民本主义的民主理念；强调功过考评的官员遴选机制；先进、无私、团结的执政集团；独特的政府分工制衡纠错机制。有意思的是在这里潘维的文明源头思乡病似乎加重了，不惜从《尚书》中寻找片言只语来支撑其"现代民本主义的民主理念"，并且认为在毛时代的"为人民服务"与封建时代的"以民为本"有延续性，这种"脚踢现代理念，拳打民主思想"的乱章法实在没有太强的说服力。

94

功过考评的官员遴选机制与选贤举能是不是一回事呢？也值得商榷。民主制度下的问责（accountability）同样也是通过功过考评来遴选官员，以美式民主为例，功过与否是地方选民说了算。尽管钱颖一、蔡洪斌和李宏彬等人的研究都指出一个强有力的中央政权对中国选拔官员并防止腐败有重要作用，但这个选拔官员的逻辑必须上下一致。而对中央政府和党中央而言，即便能保证监督下级官员的腐败，对中央最高层而言又该如何监督制衡却缺乏必要论述。所以在潘维的逻辑中，最后必须保证中央层是不犯错误没有私利的，但这个只是一个假设。因此我们即便承认在财政分权之后各个地方政府之间有制衡，也承认中央可以在政策出错之后能够纠错，但潘维的模式中却缺乏对中央层的最终制度制衡，而提出并不成立的无私和团结的执政者是理论中的败笔了。

但潘维似乎并不介意这种显而易见的败笔，而是急于架构其三纲四常的中国模式体系，因此提出社稷社会模式。尽管潘维反复强调中国模式的表层是国民经济、核心层是社稷体制，居于两者之间的关键层是民本政治，社稷是民本政治的源泉，而且试图从中华文明中寻找源流。但潘维似乎没有意识到"民为贵、社稷次之、君为轻。是故得乎丘民而为天子，得乎天子为诸侯，得乎诸侯为大夫"这一等级体系的论述与自己的设想并不一致，这种牵强的比附似乎也再一次说明了"文明源头思乡症"的根深蒂固，但其实对中国古代的文明的真正内涵却缺乏深入了解。按照潘维的说法，社稷体制也有四个支柱：分散流动的家庭而非个人构成社会的基本单元；与西式分层的市民社会不同，中国是以家庭为单位的平等的社区和工作单位构成社会网格；这种社会网格与条块行政网格天然重合，彼此嵌入，相互依存，形成弹性开放的立体网格；家庭伦理观渗透社会组织和行政管理逻辑。

尽管测算农民工总数的口径不一，从六千万到一亿六千万都有，但从金融危机导致六千万农民工无工可打不得不返乡的消息来看，这一规模不小。在这一流动的人群中，以家庭为单位的流动实属少数，上有老下有小夫妻在外把工打，才是典型的农民工流动模式。如果从后三十年看，那么第二代农民工子弟往往还在学习阶段，这也是为什么打工子弟学校会成为城市的一个重要话题。因此潘维所言以家庭为单位的流动实际上不太确切。尽管我们可以同意潘维的后两条宽泛的论述，即社会网格与行政网格重合，家庭伦理观向社会组织和行政管理渗透，但家庭是不是分析中国社会的基本单位，是存在疑问的。当然不能否认以家庭为单位进行分析的便利之处，但这实际上却会忽略由于国企改革、民工流动以及企业家创新精神所带来的对个人能力的褒奖和赞扬以及由此凸显的对个人的强调，这一"个人"分析单位同样不应该被忽略。至于说到平等的社区和单位显然是睁眼说瞎话了。为了虚构一个所谓的宏大理论范式，而不惜对事实作出错误的幻化，乃至每当论及事实层面就频频出错，这也是潘维的中国模式遇到的致命伤。而试图从历史比较分析中获得理论的文明源流，在我看来也不过是得了文明源头思乡症，作不得真。

从上述论证中也很难得出潘维所谓的其模式已经挑战了"计划和市场两分"、"民主与专制两分"、以及"国家与社会两分"，且不说这些两分法在主流学界是不是站得住，在潘维的三个子模式每个下辖四支共十二支中，并没有直接辨析各支何以挑战了上

96

述"两分法"，论证上也相当乏力。尽管潘维最后提出要有中国思想模式，也试图为共和国 60 年作总结，但文明源头思乡症成了他的梦魇，使得他说出了"三纲五常表达了中国传统社会的责任本位，为人民服务表达了中国现代社会的责任本位"，幸亏不曾勾连其中的源流，不然也容易给读者造成惊悚的阅读体验。

4 中国模式铁三角，一头重来二头轻

丁学良在《辩论中国模式》一书中也从对"华盛顿共识"和所谓"北京共识"待讨论开始，试图超越这两个具体的政策层面，而在政治经济学层面构建一个"中国模式"，考察政府与经济、官僚界与工商界、国家政权与民间社会之间互动的关系。丁学良的划分实际上与潘维的划分区别不大，也是从政治、经济和社会三个子模式来划分，但其中的关系和侧重不同。丁认为中国模式的三个子系统是"核心的列宁主义，具有中国特色的社会控制系统，受政府支配的市场经济"。这种独特的三角模式也表明了中国模式无法被复制和输出。事实上，任何一种模式可能在复制和输出上都存在类似的问题，即该模式长成的环境是独一无二的，例如亨廷顿对美国民主模式的论证。

但从丁学良的"铁三角"中国模式来看，其实最为侧重的是列宁主义，因为社会控制和政府支配市场不过是列宁主义在社会和经济两个方面的表现罢了。丁学良这书比较出彩的地方在于用数据来评价中国模式的绩效。丁列举了衡量"中国模式"的物质性和非物质性两类指标，每类又含两种评价指标，共计四种：

对相对弱势群体、相对弱势地区和相对弱势领域的持续不断的相对剥夺乃至于掠夺的程度；环境生态的破坏程度；体制性腐败程度；以及公共政策的透明度。尽管丁学良也提到如果从政权稳定的角度来看，中国模式的头等功劳是保证了政治上无竞争的状态。但其后的论述中，丁着墨最多的却是经济方面的表现。这从丁对其中国模式得了慢性病的论述中可以看出来，丁认为中国模式处于内外交困的境地，出口随着金融风暴下滑，长期堪忧；政府投资饥渴，会对财政构成巨大负担，最终变成纳税人的负担，尤其是最近地方债务危机加重了这种担忧；另外内需长期不振，尤其是农民工收入一直无法提高；维稳开支居高不下，主要是为了维持中国特色的社会控制体系，这将会在未来成为阻碍；最后环境问题上的巨大压力，尤其是碳排放方面的国际压力巨大。不得不说，这些的确是中国面临的困境，但却不一定是专属于中国模式的困境。尤其是出口下降、政府投资隐患、内需不振、环保压力等，几乎是全球同此凉热，并无多大不同。尤为重要的是，当丁学良将论述重心放在经济面的时候，实际上将中国模式的铁三角倾斜到了其中的一头，也更加注重政策层面的讨论，这与其开篇提出的"作为政治经济学概念的中国模式"似有不一致之处。

丁为中国模式的深层阻碍开出药方非常普适，那就是民主化改革。其从马来西亚的例子入手解释对付腐败要靠司法独立和媒体透明，也就是美式民主中常提的第三方监督和第四方监督。但显而易见对于中国的特殊利益集团而言，政大于法和控制媒体是常态，没有激励去进行改变。丁学良也认为不管是宪政民主的司法制度、选举制度，还是自由媒体制度都不足以促成改变，而较有可能的是国际压力，因此推动中国进一步开放，融入国际化是相对而言比较现实的选择，使得公共政策避免被特殊利益集团全面绑架，至少留一点余地和缝隙。但有意思的是，丁学良并没有全面坚持这一外部冲击的观点，而是回到中国改革派政治家那里寻找支持，例如"向老百姓还债"的道德政治观，但这种观点并没有实际的证据来支撑。在我看来，还不如强调老百姓自身的权利意识，如同欧博文和李连江等论述的农民以法抗争，这或能带动现有改革朝深度转化。或者继续如丁之前提到的，外部冲击造成制度变革。

丁学良强调模式转型的第一步是在价值理念上，第二步才是政策工具上的推陈出新。但这个价值理念却并不是很清晰，到底是期待来自向老百姓还债的政治家，还是老百姓自身权利意识的觉醒，抑或是外部冲击导致变革，还是几者共同起作用。丁学良并没有明确回答价值理念从何而来，向何处去的问题。但丁提到如果从世界范围来看，中国模式是头一遭政府在非战争期间主导的走向市场经济的，并有广泛社会支持的良性循环发展模式。按照这一说法，政府主导又在中间起到了极其重要的作用，但这个与价值理念转换的关系又是什么呢？至少我没有看到答案。

5 模式要从两面看，西方不是发展中

不管是潘维，还是张维为实际上都未能提供关于中国模式的令人信服的论证，但却隐含了一种挑战西方的倾向，用一个自身都说不清楚的东西去挑战所谓的"华盛顿共识"，这是非常不合适的。因此比较稳妥一些的做法是进行更细致的分析和甄别，例如至少应该说明对不同的对象而言，中国模式的含义可能是极为

不同的。郑永年在《中国模式：经验与困局》中的这个努力因而是很重要的。

郑永年在前言部分就明确指出"中国模式是中国改革开放的产物"，这一界定比"文明源头思乡症"下的各种说法要清楚有力得多。只是郑又缓和承认必须考虑共和国前30年的影响，认为这为后30年奠定了改革基础。所以中国模式要涵盖60年。这一说法与潘维有类似之处，同样类似的是不太成功的叙事逻辑，实际上前后30年意识形态上终结文革，而经济政策上逐渐转向市场经济，其实并没有什么继承和延续性。但郑进一步指出要区分中国模式对西方世界和第三世界国家的不同含义，这是有意义的。对西方发达国家而言有意识形态上的对抗，对第三世界国家来说更多意味着经济发展方面的榜样，而这个榜样的意识形态又不同"西方"，或者说冷战结束后的美国模式，再具体一点来说是不同于"华盛顿共识"。

不过郑永年提到的最有价值部分当属对新加坡模式的分析以及与中国模式的对照。新加坡模式的最大特征是政治上集权但经济发展已进入发达国家行列。如果说对亚洲四小龙之间的新儒家精神论述是个美丽的误会，其实新加坡的经济发展也遵循了普遍的经济模式的话，那么在政治上新加坡的确和发达国家有差别。郑永年认为由于新加坡人民行动党虽然一党独大，但党执政后的高薪养廉实际上不仅仅是防止腐败，更重要的是与外界竞争优秀人才，因为只有薪资够高才能对人才有吸引力。这与中国共产党从内部培养人才的方式有非常大的不同，党内精英目前的培养模式有可能产生劣币驱逐良币的效果，而如果能与社会竞争优秀人才，这就会变相促成政党的转型。也就是说社会精英可以通过各种途径参与执政党组织的政务活动，这就朝"多元参与"的方向迈进了一步。这也是郑永年认为中国可以学习新加坡模式的地方。

事实上，还有一个区分也很重要，就是对外和对内的区分。大部分研究似乎比较注重国际视角下的"中国模式"，而对于中国内部的看法不太重视，这也容易造成片面论述。郑的另外一点重要提醒是多数论述中忽略的，即中国缓慢的政治体制改革，尽管不是"民主化"改革，但却是国家制度建设，在郑永年关于"政治改革和中国国家建设"一章中专门讨论了这个问题。这里的关键问题是郑认为民主化本身很难充当建设国家制度的力量，而要实现民主化却需要最基本的制度条件，那么问题的关键就在于中国是否已经具备了民主化所需要的最低制度条件。例如为了促进市场经济发展，而从制度上对产权的保护等，这种制度建设本身也是政治改革的一部分，而允许私人企业家入党更是政治改革的一种体现。郑永年没有给出问题的答案，但我认为他对民主化和国家制度建设之间关系的讨论和区分也是有益的。只是说应该将民主化看作一个不断演化的过程，还是将民主化看成一个比例投票制稳定的状态，这是有争议的。如果民主化是一个过程，那么和国家制度建设过程之间又是什么关系，是不是一定要具备某些制度条件才能开始民主化进程，这也是郑没有回答的。

不过我同意郑永年关于政党转型的大部分看法，关于中国模式的核心研究就应该聚焦到中国共产党身上。从革命党到行政治国党要转变成政治治国党，面临多重困难，最重要的就是由于行政治国党条件下党政不分的问题。如此就需要党从行政方法转而使用政治方法，而将党政分开来。但郑永年认为党政完全分开的政治目标过于理想化，在实现的可能性上微乎其微，而"党通过参与政治而影响政治"则相对可行，主要是国家主席制度和地方党委书记兼任人大主任制度。这里的问题在于，郑永年的设想完全可能在强化党的力量的同时，弱化行政和人大。这里的终极问题和潘维模式中的致命伤一样，如果不是自下而上的选举，到底用什么才能保证对党的最终制衡呢？郑永年没有答案，但提出了"民主化"本身在中国的可能路径，那就是党内民主。不太激进，也符合一贯渐进改革的氛围。这种现实的折中案依旧存在太多的疑惑。民主不仅是一种价值，而且是一种技艺，参与和问责是其两大特性。党内民主对参与和问责实际上都设了巨大的限制，即便能够实行，也未必能达致所设想的效果。当然相比于目前的体制，这种政党制度的转型依旧不失为一种改进。

从中国内部来看中国模式的问题，有一个越来越被主流学界认识到的问题，即在中国集权模式下不同的地方却拥有不同程度的"自主权"，乡村民主及农民抗争、地方和中央叫板等都是其体现。"选择性集权"似乎较为符合目前的现状。自从财政分权之后形成的财政联邦主义也是讨论较多的特征，但财政联邦主义的真实性这几年已经受到质疑，因为地方分割造成的成本和浪费可能代价极大，已经超过地方间竞争带来的正面效应。这种中央对地方的放权未能完全触及国家对企业和社会的放权，而郑永年认为下一步的放权应该是像向企业放权那样向社会组织比如说 NGO 放权，从而释放社会力量的效力。只能说愿望是丰满的，但现实是很骨感的。

6 中国逻辑西洋镜，制度外包是实情

谢德华（Edward Steinfeld）提出了一个国际战略中有意思的问题，那就是中国的崛起会不会威胁西方，尤其是美国的地位。这问题背后其实要展开来说，中国崛起主要是指经济增长上的表现，而威胁西方却主要是说一个政治地位上的挑战，两个表述之间的落差被意识形态上的对立掩盖了。所以要细分出来加以论述。

谢德华把中国真正改革的起点定在20世纪80年代末，尤其是在90年代以后。他认为其后的改革开放，是一个"外包"（outsourcing）过程，外包是指发达资本主义国家的企业将非核心业务外包给其他国家的企业，例如中国和印度的企业，从而达到降低运行成本提高运行绩效的目的。而中国的外包中最重要的是"制度外包"（institutional outsourcing），而整个制度外包必须放在全球化的背景中来理解。

整个外包过程的第一步是在全球化过程中，跨国公司进入中国以及国际贸易的发展，使得中国的企业开始专注于跟外贸相关的产业，从鞋帽服饰的加工贸易到科技软件的全球研发，中国的工业结构调整是随着国际贸易的变化而进行调整的，也就是说，中国的工业通过受外贸影响而逐渐将结构调整外包给了外资企业。

工业结构如此调整就自然而然导向了外包的第二步，那就是一系列与此相关的关税、汇率、质检等规制问题的外包。简而言之，中国要出口产品到美国，那么就要遵循一系列由美国设定的规则，因为在外贸初期中国缺乏相关的专业人才，所以规则制定也是外包给了西方，中国所作无非是参与西方已经设定好的规则。而为了更快更好的适应这个规则下的游戏，尤其是WTO规制下的运作，中国不仅花大力气引进人才，而且也将不少党政干部送到国外进行培训，而人才在国外的学习经历，进一步强化了西方的规则。

在产业结构外包和贸易规制外包之后，第三步企业管理外包也就顺利成章了。谢德华提到企业管理外包的一个重要形式是海外上市，尤其是国有企业的海外上市。通过在纽约、伦敦和香港证交所上市，必须接受当地交易所的规制，尤其是信息披露机制对传统国企的黑箱化操作而言，更是需要国企作出一个大的变革，使得会计师事务所和律师事务所等加入到这个过程中来，最终导致企业自身的管理制度实现外包，并且按照西方规则参与游戏。

这个制度外包过程也和中国追求现代化的过程是一致的。但在政治学的含义上讨论现代化或者发展理论，其实最关键的还是要关心政治现代化的问题，而不单纯是经济增长。当然谢德华也注意到并不是所有的产业领域中，中国都不主张"自主"而一味照搬西方。例如中国提出了自主创新的口号，这导致在科技研发方面投资的情形要稍微复杂一些，但在实际上也没能脱离参与西方游戏规则的范围，因为跨国公司在研发领域也已经深入触及中国本土的人力资源。

但在能源领域，中国似乎展现了很强的国家控制力，这是否就与西方游戏规则格格不入了呢？谢德华认为也需要放在全球化背景中深入来看。以中海油并购优尼科案为例，中海油也在一定程度上遵循美国的商业规则，尤其是来自美国监管机构的审查等。从这个意义上来看，即便在中国国家控制的能源领域，同样存在一定程度的"参与西方的游戏"。

参与西方规则下的游戏到底意味着什么呢？谢德华认为这意味着全球化使中国接轨世界的同时处于西方规则下，因此不会对西方世界构成威胁。接轨西方玩一样的游戏，与是否构成对西方的威胁，是两件不同的事情。正如我在前头提到的，经济增长上的问题和政治地位上的问题需要分开论述，尽管经济增长与政治地位两者之间存在联系。谢德华也意识到这个问题，所以他进一步论证到由于将制度设计"外包"给企业，政府控制力减弱为改革提供了空间，因为国有企业及其他国有传统单位的改制，使得"单位"逐步消失而其中的人大量被企业雇用，这使得政府的控制力度减弱了。同时由于这种政府控制力弱化的过程结合全球化背景，使得共产党员中也有大量的企业家和海归知识分子。这相较于传统中国，也开始接近西方民主制度国家。

这个结论导致谢德华提出中国是一个"与时俱进的威权主义"（self-obsolescing authoritarianism），为了维持自身的权力，共产党开始接纳过去反对的制度、概念和人才。谢德华认为中国的道路也会像其他已经建立民主的亚洲国家一样，并以台湾地区民主实践的经验表达了他对"历史终结"的乐观之情。

不过谢德华的论述中存在几处可以商榷的地方。首先是经济上是否仅存在拥抱全球化背景下的西方规则的问题。实际上尽管存在接轨西方企业管理制度以及政府监管制度，但不同的领域情况并不一致。除了能源领域之外，中国的金融体系也并没有玩西方的游戏，反倒是相当有中国特色，在人民币国际化这个问题上，开放的步伐非常缓慢。双边结算而非全面自由化这一改革路径现在越来越明显，这显然并不玩西方游戏。

其次，谢德华关注较多与全球化接轨的层面，这样能看到的改革多少带有西方的特征，或者至少是中西融合的特征。但中国经济的成长并不完全是全球化的功劳，内部改革也占有重要的位置。邓小平的"摸着石头过河"论在实践中与试点改革相契合，而这种试点改革的路径和规则与西方哪一家都不太像。这种有管理条件下的市场经济模式尽管有了很大的发展，但扭曲的竞争环境和形式各异的官商勾结与其说是西方的游戏，不如说更具有东方专制主义社会的色彩。

最后，谢德华关于经济增长的论述和政治地位的论述之间存在落差。如果经济增长遵循一套普适规则而与东西差异无关，那么经济实力的增强并不确保强者之间就不相互威胁，有可能在全球化中互利合作，也有可能展开互相威胁的"竞争"。政治地位以及意识形态上的差异可能会随着全球化走向缓和的"求同存异"从而降低对抗性威胁，甚至也可能搁置在政治上的争议而在经济领域内趋向更多的合作，这些条件下中国的崛起也不会威胁西方，但却不是出于参与西方游戏规则这一理由。

7　中国模式不例外，金融救国是王道

陈志武在《没有中国模式这回事！》一书中同样意识到应该在全球化的视角下来看待中国模式的问题，但和"文明源头思乡症"一样，陈试图总结出一套横跨长时段的中国模式，而不是将模式限定在共和国 60 年或者改革开放 30 年的论述。所有关注"中国模式"的争辩是围绕这一时段进行的，并不清晰的"北京

共识"也是针对这个时段而展开的，因此探讨中国古代的模式在中国模式这个话题上，是走了岔路了。

实际上60年也足以构成经济学意义上的长时段了，这一点上陈志武说的没错，中国的发展与全球化进程同步，并没有特别的模式，只不过遵循了几条经济学的基本原则，而且恰好改革开放与世界市场接轨，从而造成了中国的经济增长。中国的兴盛与世界同步，从工业化和金融化而言，中国历史上的发展表明中国是世界的一部分，1978年之后的改革更是表明了这一进程。改革开放解放了人的手脚，给了老百姓经济活动的自由，这是一种普适模式，并没有什么特殊的中国经验可以挖掘。陈志武花了很长的篇幅以金融学来解释儒家文化和中国古代王朝更替的历史，在我看来这与对中国模式的论证没有关系。因为陈所论述的中国模式实际上是指古代中国的模式。借鉴西方金融立国的模式可能是对的，但这个独特的金融学解释视角同样也忽略了很多东西。陈的背景限制了其对中国模式问题的讨论，而将所有变量解释为金融一支独重，我认为也是不恰当的。

不过这并不意味着陈书没什么价值，从人类进程尤其是全球化历史而言，将中国最近30年的发展当成其中的一部分，而且根据历史经验对比也可以知道除了相对短暂的偏离外，中国与世界经济的成长是同步的。这样的话，就可以论证没有什么中国模式，而不过是普适模式的表现而已。而自由的人性成为了陈志武理论分析的基础，正因为自由的人性是普适的，而中国的经济发展也释放了这种人追求自由的本性，随之而来的经济增长与大政府主导的所谓"中国模式"是没有关系的。这一论证是成立的，但却说明了陈志武在"中国模式"上没有一个统一的说法，因为这里被陈批评的中国模式是指大政府主导的模式，而在之前关于历史进程一部分的论述中，中国模式是指古代中国的王朝更替与儒家文化，这两种是完全不可同日而语的。

陈认为不存在大政府主导的模式，只不过是顺应了历史潮流这一论述也过度简化了中国经济增长的复杂性。因为这不仅只是搭上全球化"便车"，也的确有中国自己的贡献。其实不难理解全球贸易的扩展，必然是惠及了参与贸易的各方才得以实现。陈书尽管真正论及中国模式的部分很少，其核心的观点是一来中国发展是借了全球化的东风，二来最重要的是金融化促成了大发展。陈最后提出的问题倒是有点意思，就是在当前的国际格局中，中国要扮演什么样的角色？谢德华说中国是玩西方游戏，不会危及西方。而陈志武却提出中国应该韬光养晦，更多关注到贸易国的需求，做好贸易上的服务，做一个负责任的利益相关者。而要达成目标，中国的未来还要依靠发展金融。

总体而言，这本文集的编撰者并没有梳理出陈志武关于中国模式的清晰论述逻辑，这导致本书几乎是《金融的逻辑》的重复版。事实上，除了书名与中国模式的讨论或有关联之外，并没有真正聚焦中国模式争议的核心议题。

8　没什么中国模式，有一点儿中国特色

放在世界范围来看，中国模式一点儿不独特；从中国自身出发，理解中国特色比较重要。这大概可以粗略概况黄亚生在《中国模式到底有多独特》一书中的意思。自 2008 年末起美国遭受

罕见金融危机，经济苦苦挣扎，到 2011 年中，失业率依旧居高不下，而且贫富差距呈扩大趋势；另一方面是中国即使受危机影响，经济增长速度依旧惊人。加上中国拥有大量的美元储备。所以很自然就产生了一个问题：美国是不是不行了？未来是不是属于中国？黄通过对巴西模式的回顾，简洁明了论证了在军政府控制下，20 世纪 60—70 年代巴西所走过的道路，经济高速增长的巴西也曾被一度认为是唯一能挑战美国的"巨人"。从 1968 年到 1974 年间，巴西的 GDP 年均增长达 11.4%。但随后巴西经济崩溃，整个 20 世纪 80 年代陷入停滞，高通胀、金融危机、经济停滞、连带引起政治上的不稳定。而究其原因，无非是国家导向的经济模式拔苗助长，强制性的工业化战略产生了大量失地农民；在民生上投入匮乏，使得底层负担加重；加上偏好资金密集型的大企业也进一步加重了失业状况，使得犯罪率急剧上升，整个社会也陷入不稳定状态。这一从"巴西奇迹"到"失落之路"的历史，可为中国借鉴。这一角度很少有人讨论，即历史上那些曾经被认为的奇迹模式最终落败的经验教训，大概好了伤疤忘了痛一直都是存在的。

在这本《中国模式到底有多独特》中，收录了黄教授在中文媒体发表的评论和访谈。除了对比巴西模式外，黄教授在此书中也多次提及印度的经验，并与中国对照。第二章两篇文章就是讲印度的经验。黄教授认为单单从基础设施建设和外商投资来看印度落后于中国，这不仅低估了印度的实际发展，而且陷入了一个只看硬件不看"软件"的误区，而软件就是指"制度"。而且印度也恰是要在硬件不足、并且内部种姓制度导致的不平等格局的条件下取得发展，因此印度的"制度"才是需要考察的重点。印度的制度至少有两个方面比中国具有优势：一是印度的民主制度，当然民主与 GDP 增长之间的相关性，有不少研究提出了截然不同的结果，认为民主与增长关系不大。但不管是弗里德曼，还是阿玛蒂亚·森都将自由作为一个整体来看待，而民主制度（主要是指宪政民主制度）是目前所知最不坏的保证自由的制度。如果按照森的看法"以自由来看待发展"，那么印度就具有显而易见的优势。二是与企业发展相关的金融制度，尤其是融资体制，这一点实际上与陈志武的着重点是一致的。中国民营企业融资难问题一直没有得到解决，而反观印度在这方面远胜中国。根据黄教授的调查，中国企业超过 60% 感到融资障碍很大，而印度只有 25% 左右的企业有类似感受。这种便利企业创新和个人创业的金融制度优势，也许会比中国注重基础设施建设的增长，更具有后劲和优势。

事实上，回头来看中国的增长，其实也并没有背离基本的经济原则。黄教授对中国模式到底有多独特这个问题的回答是，一点也不独特。中国的成败得失都可以从其他国家走过的路中看到相似的情形。土地改革和私营部门的发展是东亚各国发展的重要原因，中国也不例外。至于政治上高度集权作为推动经济增长的原因，黄教授认为这一说法站不住脚。与通常的认识不同，黄教授认为如果我们深入去看中国改革走过的路，不难发现在政治上中国也采取了不少改革，例如 80 年代结束"干部终身制"和实行"农村基层直选"，这些政治改革尽管很小，但其对促进经济活力却有重要的贡献。而 90 年代政治体制改革停滞之后，尽管经济仍旧增长，但增长的质量却有所降低，表现在贫富差距拉大和腐败加剧。也就是说，在黄教授看来，并不存在一种所谓的"中国模式"。中国的发展遵循一些普世的原则，当中国遵循这些原则时，就获得发展；当背离这些原则时，就出现问题。这让我想起哈佛大学的丹尼·罗德里克在《相同的经济学，不同的政策处方》中表达过的类似观点。在罗德里克看来，经济学所具有的灵活性很大，那些最基本的经济学原则，包括产权保护、市场竞争、激励兼容以及货币稳定等，不管是新古典经济学还是凯恩斯主义经济学，都是基于上述原理发展而来的，这正是所谓"相同的经济学"。但在这些原则下，并非只存在一个可选的政策组合，各个国家根据自己不同的特色，选择不同的政策组合进行改革，对于改革者而言，所拥有的政策空间其实是相当大的。而成功的国家正是在政策空间里选择了合适的政策处方，从而获得了高质量的发展。这也意味着，普世价值和基本原则其实是跨越国界的，并不存在所谓的"中国模式"。

当然黄教授也并没有抹杀中国特色的存在。这里要避免两个误区：一是陷入名词的争议，如果你说模式不行，我就换成特色代之。显然，反对中国模式的时候，这里尽管存在各种不同的理解，但有一关键是认为存在"政治上集权能支持经济发展"这样一种模式。而黄教授则明确指出了这种模式并不存在。二是否认存在中国特色，从反对中国模式的极端走到另一个极端，即完全不顾中国自己的传统和特点，所谓"全盘西化论"就是典型代表。实际上，正如罗德里克指出的，在同一经济学原则下政策选择的空间很大，而参照各国的特色进行政策诊断，最终选择合适的政策处方，这样做并没有创造一种新的模式，但同时也没有忽略自身的特色。

那么所谓"中国特色"又作何解释呢？对地域广阔的中国而言，是不是只有一条统一的经济增长道路，是存疑的。在上海模式存在的情况下，同时也存在情况截然不同的"浙江模式"。如果说上海模式是政府主导经济增长的典型，例如有众多大型的国有企业并对此进行补贴，同时吸收大量 FDI，民企生存空间较为狭小；那么浙江就是私营经济唱主角的典范，尤其是温州活跃的地下金融体系支撑了大量新创企业和私营企业的初期发展所需要的融资。因为私营企业较难取得银行贷款，并且也没有政府补贴。但浙江同样取得了令其他省市羡慕的增长。

对于中国未来的转型之路，有多种不同的看法。但不管是激进还是相对保守的观点，都对目前的体制造成的不公平不满，因而对体制改革的呼声也非常高。政府干预至少造成了四重"不公平待遇"，一是国内外之间偏好外资而轻民间资本造成的不公平，二是国有企业与私营企业之间由于"国进民退"造成私营企业未能享受国民待遇，三是地方之间政府干预导致的东西部发展不平衡，四是城乡之间（包括同一省市内部和跨省市）户籍制度限制劳动力自由流动造成收入差距扩大化。这些不公平已经越来越成为中国长远发展的障碍。以农民工为例，这个夹层在农村的境遇变差的情况下，本希望通过在城市打工改善境遇，甚至定居城市以享受城市福利。但户籍制度的限制，使得农民工无法享受城市福利。事实上，根据黄教授的调查，农民工的收入没有随着经济发展同步增长。也就是说，农民工并没有获得经济增长的好处。而其中有一个重要因素是农民工受户籍限制，而无法融入城市获得相应的市民身份，进而取得市民身份所附着的福利。与此同时，如果农村能为农民工在本地发展提供足够的机会，那么创新也可以在农村启动，不一定非要到城市。但问题在于，为农民创业所能提供的农村金融体系极其落后，难以为农民的发展提供启动资金。直到最近小额贷款公司才开始在各种局限下慢慢起步，但与城市的就业和人口吸纳相比，农村的限制显然更多。一面不放开户籍，排斥农民工市民化，以及限制跨区域的人口流动；另一方面在农村，农民要发展获得的支持很小，并且没有相应的制度改革进行配套，农村也非农民容身之处。在这种情况下继续推行由政府主导的城市化和聚焦基建的新农村建设，恐怕难以达成提高农民收入，进而扩大内需的政策目标；也难以舒缓扩大的城乡差别和贫富差距，对未来的发展造成极大隐患。这是中国未来的转型亟待解决的问题。

黄亚生教授在《中国模式到底有多独特》一书中反复表达了这样一个观点，即中国未来的改革，如果方向对，那么具体的选择是多样的。也就是说，没有所谓的中国模式，发展的模式必然遵循一些普世的价值和原则，这个对所有国家都不例外。但是中国的确可以选择有特色的道路，前提是这些道路的选择不与基本的普世价值和原则相互冲突。而遵循这些普世价值和原则，从体制改革上确定改革的方向，当是中国转型的下一步。

参考书目：

陈志武：《根本没有中国模式这回事》，台北：八旗文化，2010 年。

丁学良：《中国模式：赞成与反对》，香港：牛津大学出版社，2011 年。

黄亚生：《中国模式到底有多独特？》，北京：中信出版社，2011 年。

潘维:《当代中华体制》,香港:三联书店,2010年。

张维为:《中国震撼:一个"文明型国家"的崛起》,上海:上海人民出版社,2011年。

郑永年:《中国模式:经验与困局》,杭州:浙江人民出版社,2010年。

Edward Steinfeld, *Playing Our Game: Why China's Rise Doesn't Threaten the West* (New York: Oxford University Press, 2010).

《怀念宜兴徐子明先生》辨谬（上）

王蔚

2005 年，江苏教育出版社重新出版了台湾历史学者汪荣祖早年的随笔集《学林漫步》，新版中增加了十余篇近年撰写的文章。[1]这本书中，讨论史学研究的《外国史研究》和《中国文史之学的危机与转机》，以及怀念周一良的《长使书生泪满襟》都提到了一位他在台湾大学就读时的老师，曾在德国海德堡大学获得史学博士的徐子明。[2]对这位师长最详尽的记述是书中收录的《怀念宜兴徐子明先生》，在这篇长文里，汪荣祖以敬仰的笔调回顾了徐子明的生平，一个忧心中国文化命运的博学大儒形象跃然纸上。遗憾的是，文中对徐氏求学、任职经历的记叙，对其道德学问的褒扬实际上充满虚构和夸饰，严重背离了史家应有的严谨。

学历之谜

据《怀念宜兴徐子明先生》所述，徐子明名徐光，1888 年出生，江苏宜兴人，自幼通读四书五经，1902 年考入上海南洋公学，与陈寅恪同学，十九岁即 1907 年时从南洋公学毕业。[3] 汪荣祖早在 1976 年便出版了《史家陈寅恪传》，此后又数次修订重版，对陈氏的生平理应了如指掌。然而陈寅恪从未在南洋公学读书，他在上海只就读过复旦公学。[4] 在《史家陈寅恪传》中，汪荣祖并没有弄错这一基本情况："光绪三十三年（1907），他（陈寅恪）考入吴淞复旦公学，为插班生，同班同学中有后来留德获海德堡大学史学博士的徐子明。"[5] 姑且认为汪氏在写《怀念宜兴徐子明先生》时不慎出现笔误，将复旦公学写成南洋公学，但两书中的时间又发生了明显的矛盾：陈寅恪 1907 年入学，徐子明 1907 年毕业，二人怎么会是同班同学呢？

根据复旦大学档案馆馆员孙瑾芝、杨家润在《陈寅恪入复旦公学年月及是否毕业考》中提供的资料，陈寅恪在该校档案馆所藏复旦公学 1908 年春季的学生名册中是备斋丁班生，入校的时间为 1905 年秋。[6] 复旦公学当时有甲至庚共七级学生，其中甲、乙、丙为正斋生，丁、戊、己、庚为备斋生。复旦公学属高等学堂性质，正斋为"大学之预备"，备斋则是正斋的预备。[7]1930年编制的《复旦大学同学录》中，收有从复旦公学到复旦大学的历届毕业生名单。在 1908 年第一届高等正科（即正斋生）的 8 名毕业生里，有位名叫徐仁镛的人。[8] 结合徐仁镛、徐子明这两个名字的留学和任教经历可以断定（详见后文），徐仁镛就是徐子明的原名。1908 年，当陈寅恪还是一名备斋生时，徐仁镛已经从正斋毕业了，可见二人至多只是校友，并非同班，原不必硬拉陈氏充作徐氏的背景。

陈寅恪与南洋公学无关，徐仁镛却的确在南洋公学读过书。

在 1926 年出版的《南洋大学卅周纪念校友录》中，历届学生名册里便有徐仁镐的名字，注为"号佩铣"，[9] 但没有详细的个人信息，也没有记录在校时间。1902 年，南洋公学中爆发风潮，部分学生愤而退学，后进入马相伯出资创办的震旦学院就读。1905 年，由于与校中任教的法国天主教耶稣会教士发生冲突，马相伯率学生退出震旦，随后另组复旦公学。[10] 从时间上看，徐仁镐当是先入南洋公学，后入复旦公学，且很可能经历了从南洋到震旦再到复旦的轨迹。

对于徐氏此后的求学生涯，汪荣祖的描述是："宣统二年（1910 年），徐先生考取首届庚款留美，入美国威斯康辛大学历史系习西洋史，不到三年，于民国元年（1912 年）获得学士学位（B. A.），因成绩优异，并通多种欧洲语文，又有一篇论文受到一位德籍教授赏识，遂由该教授推荐赴德，入著名的海德堡大学专修西洋中古史，在两年内《中世纪之特色》(Die Eigentümlichkeiten des Mittelalters) 为题的论文，取得博士学位 (Dr. Phil.)。"[11] 在汪荣祖看来，"能以如此短速的时间内完成学业"，"足见其能力之高超以及学问之丰硕"，[12] 可惜这段天才般的留学经历却丝毫经不起推敲。

1908 年，美国国会通过法案，决定向中国退还庚子赔款的多余部分，中美双方随后商定自 1909 年起每年派一定数量的中国学生赴美留学。[13]1909 年 7 月，游美学务处成立，9 月举办第一次留学考试。汪荣祖将首届庚款留美的时间写成 1910 年，属于基本史实错误。这次留学考试录取 47 人，其中姓徐的学生有两位。[14] 从籍贯和留美的学校、专业可以判断，他们显然都不是徐子明。而通过了初试进入复试的 68 人名单中，[15] 也没有徐氏其人。

1910 年 7 月，游美学务处举办了第二次庚款考试。初试考国文和英文两科，平均分数及格者均予以录取。共有 272 人进入初取名单，其中出现了徐仁镜这个名字。[16] 初试放榜后，紧接着又进行了为期三天，包括多门科目的复试，最终 70 名考生获留美资格。复试内容偏重于理科，考生的排名也因此与初试有了很大变化，如初取名列榜首的傅骕在复试后便落到了第 23 名。[17] 初试考了第 10 名的胡适复试时对"临时抱佛脚预备起来"的几门理科自觉"很不得意"，结果名列第 55。[18] 徐仁镜虽然在初试中位列第 25，复试后却落选了。

复试成绩不够，没能直接留美的这部分学生也有去处。"其各科学力深浅不齐，而根柢尚有可取，年龄亦属较轻之各生，亦经从宽选取一百四十三名，拟俟新建肄业馆落成，收入高等科，分班肄习，以资预备。"[19] 徐仁镜便是被录取到游美肄业馆高等科的 143 名学生之一。[20] 1911 年 2 月，游美肄业馆更名为清华学堂，4 月正式开课。6 月，留美考试再度举办，从清华学堂高等科学生中录取了 61 人（另有两名中等科学生）作为第三批庚款留美生，这次徐仁镜入选了。[21] 1911 年 7 月游美学务处上报的这份名单中，徐仁镜的年龄为 21 岁。汪荣祖文中称徐氏出生于1888 年，则 1911 年时徐氏实际年龄应为 23 岁，按中国传统的计龄方式为 24 岁。1909 年外务部制订庚款留美考试办法时，对考选学生的年纪做出了规定，分第一格和第二格。经考试直接派遣到美国大学学习的为第一格学生，年龄需在 20 岁以下。[22] 官方登记在册的前两批庚款生的年纪确实都不超过 20 岁，第三批学生中由于有上一次考试的备取者，故部分人的年纪为 21 岁。[23] 如果徐仁镜生于 1888 年，他在 1910 年参加第二次庚款留美考试时便已超龄，当是为了符合规定而填报为 20 岁。

第三批庚款生于 1911 年 8 月启程赴美，而汪荣祖文中称徐氏在 1912 年获得威斯康辛大学的学士学位，这就不免使人心生疑窦：即使聪明过人，一名只有相当于大学预科学历的中国学生是否能够用一年时间完成美国大学的全部学业？而汪文还称，徐氏在从威斯康辛毕业后因为成绩突出赴德留学，在两年内，也就是 1914 年取得了海德堡大学的博士学位，这显得更加神奇。

1917 年，清华学校的留美学生通讯处编辑了一本中英对照的《游美同学录》（*Who's Who of American Returned Students*），收集了一些从清末至 1917 年毕业回国的自费和官费留美学生的个人信息，但其中并没有徐氏。[24]1925 年出版的《清华一览》里收有"游美毕业回国学生一览表"，包含了历届庚款留美生的完整名单。在"第三批 六十三名 宣统三年闰六月十三日放洋"中，有这样一条记录：[25]

姓名	号	籍贯	学位	现任职务	通信地址
徐光	子明	江苏宜兴	学士	北京外交部条约司	北京大雅宝胡同松树院二号

此处的名单里已经没有徐仁镜这个名字，而只有徐光，可见当时徐仁镜已经改名为徐光。1937 年 4 月印行的《清华同学录》也辑录了历年清华留美学生的名单，在"一九一一考选留美同学"中，徐氏的资料为：[26]

徐光　子明　江苏宜兴
政治——B. A. (Wisconsin) '12
法律——Ph. D. (Heidellery) '16
四川成都状元街青年巷54号

两处统计材料都包含了通信地址这样的私人信息，说明编者在成书前与当事人应有过联系。但徐氏的学位却一下子从学士变成了博士，且获得学位的时间也大有蹊跷。在《清华同学录》的名单中，其他 1911 届留美学生最早获得学士学位的是威斯康辛大学的陆懋德和密歇根大学的史译宣二人，均为 1913 年。绝大部分学生获得学位的时间在 1914 至 1917 年。即使是前两批庚款生，能在 1912 年拿到学士学位的也寥寥无几，1909 年第一届和 1910 年第二届学生中分别各有两人。两年从美国大学毕业，对于当时的那些中国学生来说已经很难实现，何况是一年呢？

而与徐仁镜同年考取庚款留美，并一同到威斯康辛就读的梅光迪在留学期间写给胡适的一封信，从中不仅可以看出徐氏的为人，也可作为推翻其 1912 年本科毕业这一说法的有力证据。梅光迪 1908 年从安徽高等学堂毕业后，到上海进入复旦公学继续学业。次年，他经安徽同乡介绍结识了也在上海求学的胡适，成为好友。1910 年，二人一同北上参加了第二次庚款留美考试，[27] 胡适顺利考取，梅光迪则和徐仁镜一样成为备取生。胡适赴美后，梅光迪一直与其保持通信往来。此后梅氏经过在清华学堂的短暂学习，于 1911 年通过庚款考试。梅光迪没有选择胡适所在的大学，二人仍通过信件进行联系，对彼此的思想和生活动态都很了解。1912 年 4 月 30 日，梅光迪满怀愤慨地致信胡适，讲述了在威斯康辛的两位室友徐氏和陆氏对他的欺凌：

> 徐在复旦毕业时，迪始进复旦为末班生，程度相差至七年之远，故徐向以前辈自居，而性尤傲僻。其视吾辈犹无知小儿耳，且非但视吾辈如此，其视天下人皆无知小儿耳。迪

向未与之深交，彼此不相闻问，自至清华始稍稍与之周旋，以为其人虽不足交，然外貌酬应固无伤也。至此邦，渠本欲以复旦卒业文凭作为此邦 B.A. 文凭而直接进 Graduate School，乃本校不许其请，置之 Sophomore 之班，渠恨极。适迪亦置此班，渠益恨，而忌迪之心遂甚。自此逢人辄骂迪。……迪始来此，适与其同舍，旦夕相见，渠视迪为眼中钉，刻刻不自安，日思设法中伤之。同住陆某亦老朽而怪僻者，陆又山东产，北方之强，一言不合，拔剑而起。陆之骂人忌人本领差堪敌徐，徐于是深接之，称为知己。徐陆二人读书本不多，然窃得明末人习气，又闻今世西人有言论自由之说，与夫所谓有强权无公理者，于是以骂人为真言论自由，以为个人交际亦须讲强权。而纵论当世人物，信口唾骂，亦吾国名士所乐许。陆徐两人受病之深全在于此故。[28]

对照庚款留美名单，经 1910 年考试录取到清华学堂，随后又在 1911 年留美的徐姓学生只有两位，一个是威斯康辛的徐仁镛，另一个是去了普渡大学的徐书，后者与梅光迪所指明显不符。1908 年复旦毕业这一信息也进一步印证了梅氏笔下的那位室友就是徐仁镛。[29] 而第三批庚款留美生中，在威斯康辛的山东籍陆姓同学，只有陆懋德符合条件。[30]

梅光迪写这封信的本意，是想向胡适澄清当年 2 月与陆氏发生的一场冲突，并请胡适在留美中国学生中为其洗脱动手伤人的污名。据梅氏所述，威斯康辛的中国学生开会时，陆与梅发生争执。陆飞脚向梅踢去，梅起身闪避，陆收脚不及，摔倒时碰到椅子，撞破了头。在场众人中只有徐氏要求将陆送医治疗，并主动提出陪其前往。学生会会长等同学劝说梅当晚不要回宿舍，以免陆徐二人对其不利，梅当晚便到他处借宿。第二天，庚款留学生每月生活费的 70 元支票恰好寄到宿舍，陆便偷拆了梅的信件，到银行冒用梅的签名取出了钱，声称要从中扣除 20 元医药费，剩下的钱可以还给梅。梅和其他同学得知此举后非常气愤，商议后决定由梅写信给留学生监督黄氏（当时的驻美游学监督为黄鼎）报告事情经过，要求对陆做出处理，并称陆是"为人所愚（暗指徐）"，在场学生除徐外都签名表示支持。经过黄氏的调停，最后决定让梅赔偿陆 10 元，从此后月费中分五个月还清，陆将冒领的 70 元寄给黄监督，再由黄作为中间人寄还给梅。陆此前在学校中的表现很差，已有多门功课不及格，出了这件事之后，"数日后即往 Ohio 去矣"。[31] 由此可见，《清华同学录》中称陆懋德 1913 年获得威斯康辛的学士学位并不准确。[32] 更早的《游美同学录》中记载陆懋德的学士和硕士学位都是从俄亥俄大学取得，[33] 当更为可靠。

陆转校后，梅也搬了家，原宿舍中只剩徐氏一人，但黄监督却将退款支票仍然寄到了那个地址。结果徐又重蹈了陆的覆辙，偷偷扣下支票，假冒梅的身份去银行把钱取走了。黄、梅沟通后察觉支票遗失，到银行查询，认出取款签名为徐之笔迹，打算去找徐对质。梅尽管生气，却也不想做得太绝，还在替对方考虑："此事始终不能令银行知，以中人全体名攸关也。若令银行查办，则极易着手，徐不免受缧绁之辱也。"梅光迪写信给胡适时，此事尚未了结，梅相信黄氏会秉公处理，请胡"静候好消息"，并请胡适不要对外宣扬这桩窃案。[34] 然而梅光迪致胡适的下一封信在《胡适遗稿及秘藏书信》中并未收录，《胡适留学日记》中，

1911 年 11 月至 1912 年 8 月期间的"北田（Northfield）日记"又恰好遗失。梅光迪在这封信中留下的悬念，如今大概已无从揭晓。

梅光迪似乎没什么必要特意向胡适诬陷他的同学，在中国留学生的小圈子中，撒了谎也极易被拆穿，信中提及的留学监督和学生会长等人均可作为旁证。如果梅氏所言属实，徐氏的人品和学位都大有问题。徐仁铸 1911 年秋季到威斯康辛时是以"sophomore"（本科二年级学生）的身份开始学业，绝不可能1912 年便拿到学士学位。

晚近出版的《留学教育：中国留学教育史料》里，收有前三届庚款留美生的个人信息汇总。在 1911 年第三批派出学生中，徐氏的情况记载如下：[35]

姓名	省籍	肄业学校	学科	所得学位	毕业年份	回国年份
徐仁铸	江苏	威斯康心	历史	文学士	民国三年	民国三年

据该书编者标注，这份"清华学校留学回国学生"名单是"案存教育部档案室"。因此这一资料当有很高可信度，也就是说，徐仁铸 1914 年在美国获得学士学位，之后就回国了。1911 年入本科二年级，1914 年毕业，时间上也显得合理。但这样一来，徐氏的海德堡大学博士学位又是何时获得的呢？姑且认为民国教育部掌握的资料不够全面，徐氏 1914 年结束本科学业后并没有回国，而是冒着欧战的炮火奔赴德国留学，且如《清华同学录》所载，1916 年从海德堡博士毕业，如此则又与他后面的任教经历发生了冲突。

汪荣祖文中称，"徐先生自民国四年（1915 年）起，就在北京大学执教，授希腊罗马文学史与德文，傅斯年恰为其德文班上学生。"[36] 说徐氏 1915 年任教于北大是准确的。1918 年出版的《国立北京大学廿周年纪念册》中列有北大现任和离任职教员的名单，前任教员里便有徐仁镜，在职时间记载为"民国四年九月"至"民国七年一月"。[37] 北大却并不是徐氏归国任教的起点。根据徐悲鸿遗孀廖静文所著传记，1915 年，徐悲鸿在父亲去世后决定到上海谋生，"在上海中国公学担任教授的同乡徐子明先生"热情地向复旦校长李登辉推荐，为徐悲鸿求职。徐悲鸿便于 1915 年夏天来到上海，但这次举荐无果而终。"不久，徐子明接受了北京大学的聘请，离开了上海。"[38] 此番回忆恰好与教育部档案材料中徐氏 1914 年回国这一时间点相吻合，进一步说明他在结束留美学习后便开始了任教生涯，没有再去德国读博士的时间。

1960 年代，袁同礼在美国先后整理出版了截至当时的中国留学生在美国、英国和欧洲大陆的博士论文目录。其中的留欧博士名录 *A Guide to Doctoral Dissertations by Chinese Students in Continental Europe, 1907-1962*[39] 一书中，并没有收录以 *Die Eigentümlichkeiten des Mittelalters* 为题的博士论文，也没有作者是徐仁镜、徐佩铣、徐光、徐子明或相似中文名译音的任何论文。考虑到袁同礼所编目录存在遗漏的可能，笔者委托友人查阅了海德堡大学档案馆中保存的博士论文目录（Philosophische Fakultät）和相关年份的学生注册名单（Personalverzeichnis 1911/12—1916/17），均未发现可能与徐氏有关的记录。[40] 综合以上各方资料可以判定，徐子明的所谓海德堡博士头衔，乃是子虚乌有。

在《学林漫步》中，《怀念宜兴徐子明先生》的下一篇文章就是《胡适的博士问题》。汪荣祖称胡适在博士学位未到手之时便自称博士，有失读书人的"真诚"，有"'欺世盗名'十年之'罪'"，甚至还举出袁同礼编的"博士榜"为证，[41]可见他早已看到袁氏所编目录。胡适 1917 年归国前在哥伦比亚大学参加了博士论文答辩，但迟至 1927 年才正式获颁博士学位，个中缘由早已是学界聚讼纷纭的话题。[42]胡适错在以博士候选人的身份提前享用了博士的名号，但至少其留学经历和博士论文本身都还是货真价实的。而汪荣祖一面严词指责胡适，一面却对徐子明彻头彻尾的假博士大加标榜，评判尺度反差之巨殊为罕见。

1975 年，徐子明去世后，其子徐弃疾和其女徐令仪将徐氏在台湾的著述辑成《宜兴徐子明先生遗稿》出版。书中收录了徐子明 20 世纪 40 年代至 70 年代的中英文函札多封，其中《复郁德基书》注中附有郁德基 1972 年致徐氏之信的摘录："光绪年间先生考取南洋公学之时，基亦在南洋公学肄业，惟仅同学半年，彼此似不相识。至清末宣统三年春间，其时清华大学刚在北平开办，先生考取留学生，当时规定留学生均需在清华大学受美国教授指导半年，然后出国。其时基为清华教习，教普通学生……"[43]而英文信函的最后一封是徐氏于 1972 年逝世前不久写给英国心灵研究会（The Society for Psychical Research）的信，阐述了对心灵学的理解和向往，并索取相关书籍。在附言中，徐氏介绍了自己的身份，自称"a graduate from Heidelberg in 1911"（1911 年海德堡大学毕业），[44]将获得博士的时间径直提前到 1911 年。

老友的回忆中已经明确指出了徐氏考取出国留学的时间是宣统三年（1911），徐氏本人竟敢自称在这一年从海德堡大学毕业，直到去世仍以博士头衔自居，未免令人齿冷。诡异的是，尽管在文集中徐氏的谎言分明已露出了马脚，这个弥天大谎却似乎从未受到怀疑。台湾"国史馆"出版的《国史馆现藏民国人物传记史料汇编》中收有一篇未署作者的《徐子明先生传略》，文中将其留学过程记述为："既冠毕业，北上应清华大学甄选赴美留学之试，榜出，名列第一。先生遂于清光绪三十四年（一九〇八）秋入美国威斯康辛大学，治欧洲近代史及德国文学，宣统三年（一九一一）年夏毕业，即赴欧，于是年秋入德国海特尔堡大学，治欧洲中古史，一九一三年（民国二年）得哲学博士学位。"[45] 这段学历居然毫无正确之处，并且还被多次征引，至今仍在误导着学界。[46]

徐氏与北大：从"探艳"到"息邪"

1916 年 4 月，北大刊印了一册《国立北京大学分科规程》，里面载有各科教员的姓名和简介，其中徐仁铸的个人信息为"上海复旦大学毕业、美国威斯康新文哲科学士、江苏宜兴"。[47] 这可以说明徐氏确实只有留美经历，否则不会不把最重要的博士学位写到履历中，也说明他被北大聘用时尚有自知之明，未敢造假。徐氏到北大时刚归国不久，周围曾与其一同留学的知情人很多，若要冒称德国史学博士风险极高。根据 1917 年 5 月北大上报教育部的《北京大学四年度周年概况报告书》，徐仁铸于 1915 至 1916 学年度被北大文科聘用，讲授的是西国文学史、英文学和文学概论，[48] 都是英国文学门的必修课。[49] 该年度的英文门课程中除英国文学史外，还有希腊文学史、罗马文学史和近世欧洲文学史，[50] 都可以归为"西国文学史"，具体哪门是徐氏所教，

《国立北京大学分科规程》中则没有记载。

徐氏在北大所教均为文学类课程，并非史学，也没有必要冒充德国史学博士。然而汪荣祖或许是为了配合徐氏的史学博士身份，竟还替其杜撰出在北大教历史的经历。在《史学九章》一书里，汪氏写到兰克史学在中国的传播时特意抬出徐氏，称"最早通读兰克主要著作的国人，很可能是德国海德堡大学博士徐光（子明）先生。他于民国四年（1915）在北大讲授德国语文与历史，傅斯年曾是他班上的学生。"[51] 不知汪荣祖在写这段话时是否已经忘记了，就在其早期的一篇论文《五四与民国史学之发展》中，为说明五四之前大学中的历史教学缺乏专业性与独立性，作者举徐子明为例，将徐氏称为民国初期"最有近代史学训练之中国史学家"，但在北大讲授的课程主要为外语而非历史，并将原因解释成当时"语文科目远较历史科目'热门'"。[52] 可见汪氏笔下的徐子明不仅不符合真实情况，而且仿佛可以根据行文的需要任意打扮。

徐仁铸在北大任教期间和离职后都掀起过轩然大波，可惜并不光彩，汪荣祖也全然回避了这些经历。许德珩于 1915 年秋考入北大英国文学门，正好成为徐氏在北大的第一批学生。在晚年出版的回忆录中，他写到蔡元培出掌北大后的改革，称蔡氏到校后辞退了一些"学术水平低，教学态度差"的中国教员，"其中有一个英文教员，此人不学无术，而且是个流氓分子，常常往东安市场追逐女性，人称为'探艳团团长'。我虽然转到国文门，可是对他深恶痛绝，遂与杨振声、杨立诚等七同学，提议驱逐他离开北大。在蔡先生的支持下，终于把这个英文教员赶出了北大。"[53] 此处作者隐去了这个英文教员的姓名，但这本主要由许德珩口述，他人记录的回忆录的部分内容在成书前已单独发表过，在《我的回忆——从北京大学到武汉军事政治学校》这篇文章里，许德珩将此人称为"英文教员徐××"，其他文字都相同。[54]而在更早写下的《纪念"五四"话北大——我与北大》中，许德珩曾直言不讳地写出了他的名字："教员方面原有拖着一条大辫子、最顽固的复辟分子辜鸿铭，年轻的英文教员、流氓分子'探艳团'团长徐佩铣，老顽固、文科学长夏锡祺等人。蔡元培来校后，首先就把他们排除出去了。"[55]许氏口中的"流氓分子"、"探艳团团长"，正是徐仁镜。

1918年1月，也就是徐仁镜离开北大之际，校长蔡元培在北大师生中发起了进德会，约定以不嫖、不赌、不娶妾三戒为会员的基本准则。蔡元培亲自撰写了《北大进德会旨趣书》，将进德会的效用称为"可以绳己、谢人、止谤"。止谤便是针对此前校中的不正之风："吾北京大学之被谤也久矣。两院一堂也，探艳团也，某某等公寓之赌窟也，捧坤角也，浮艳剧评花丛趣事之策源地也，皆指一种之团体而言之。其他攻讦个人者，更不可以缕指计。果其无之，则礼义不愆，何恤于人言。然请本校同人一一自问，种种之谤，即有言之已甚者，其皆无因而至耶？"[56]从这番话来看，当时确有"探艳团"一说，而这位新校长在道德方面悬格很高，不能坐视此种风气在校中蔓延。

但蔡元培于1917年1月正式就任北大校长，徐仁镜1918年1月被解聘，中间尚有一年间隔，并非如许德珩所说马上将其排除，还是给了机会以观后效。辜鸿铭则直到1919至1920学年度仍在英文系任教。[57]蔡氏后来表示，北大教员的去留与其政治、文化倾向或私德无关，一切以是否能胜任教学为标准。"嫖赌娶妾等事，本校进德会所戒也，教员中间有喜作侧艳之诗词，以纳妾狎妓为韵事，以赌为消遣者，苟其功课不荒，并不诱学生而与之堕落，则姑听之。"[58] 这便说明，徐仁镜离开北大，除"探艳"外，应该还有教学方面的原因。许德珩将徐氏归入"学术水平低，教学态度差"之列，那么徐氏在教学上的表现究竟如何？与许氏同于 1915 年入读北大英文门的李季在其回忆录中恰好有详细记叙：

> C 先生系江苏人，为英国留学生，年龄约三十左右，中英文俱有可观。不过酷好冶游，性尤骄惰暴戾。他似乎以妓院为家，至少有一大部分的时间是消磨于此，因此不独对于教课无暇预备，即上堂也来得极迟，每点钟照例只上三十分。
>
> "我的英文可以教你们二十年，中文可以教你们十年。"他常是这样夸口夸嘴地对我们说。
>
> 有某同学一日问他一个英文生字，说是字典中找不着。他马上很得意地答道："啊，你可以从我的脑子里面找出来。"
>
> 但有时遇着学生质问字义或句子，他解答不出，便眼睛一横，装着发气的样子说道："这也不知道，要来问我么？"学生本来畏之如虎，再也不敢做声，他便这样鬼混过去了。
>
> 我们一班有三门主要功课都由他一人包办，学年试验的结果，三十二人中竟有半数不及格，须留原级听讲……这并不是由于同学的英文程度一定怎样坏，而是他的试题过于刁钻古怪，给分过于刻薄。[59]

李季入学时，在英文门任课的教师只有寥寥几人。[60] 虽然徐氏并非英国留学生，但结合教三门主课、沉湎于妓院、籍贯这些关键特征可以判断，李季笔下的"C先生"无疑就是徐仁锖。[61]从李季的叙述来看，身为教师，徐氏绝不仅仅是私德不检的问题，对本职工作如此懈怠草率，足以被任何学校开除。据李季称，那一班的32名学生，到第二年时只有13人正常升班，其余都被迫留级，或转入文科中其他专业。[62]《国立北京大学分科规程》收有1916年4月时的学生名单，其中李季所在的英国文学门一年级共有29人。[63]而这一级最后在1918年只有12人得以毕业。[64]班上甚至还有一位志在学好英文的同学在徐氏手下连续不及格后只得留级转到哲学门，始终无法释怀，碍于校规又不能再转回英文门就读，以致最后精神失常，辍学返乡，三年后便去世了。在李季看来，这位同学英文有中平程度，读书极用功，无任何不良嗜好，是个可造之材，本不该落到这样的不幸结局。他悲愤地评论道："C阎王如果得到这个消息，不知道也自觉惭愧否？！"[65]

许德珩在回忆录中还写到他在1916年3月回家料理父亲和妻子丧事，休学一年，"1916年秋回北京复学，转到国文门重读一年级"。[66]但许德珩转到国文门是否出于他的本意呢？许氏称自己转专业后与杨振声、杨立诚等同学一起向蔡元培请求驱逐徐氏，显得颇可玩味。杨振声、杨立诚和许德珩一样，都是1915年考入英文门的学生，[67]而后分别留级转到国文门和哲学门，于1919年毕业。[68]联系李季所说半数同学考试不及格，必须留级的情况，他们改换专业很可能有为成绩所迫的因素，这可能也是他们对徐氏分外憎恶的原因之一。至于徐氏被学生驱逐和离开北大的经过，李季的回忆则完全是另一种面貌。

李季本人在顺利升入英文门二年级的学生之列，仍在 C 先生所教的班上。这位先生的表现却日益恶劣："第一学年每点钟还上课三十分，到第二学年，常常连这三十分都不来上，又不请假。"忍无可忍之下，班上同学联名向校长"F 先生"（当时北大校长由工科学长胡仁源署理）申诉 C 的劣迹，要求将其驱逐，换成本来教三年级的"辫子先生"（指辜鸿铭）任课。但 F 校长"向来抱着'大事化小，小事化无'的宗旨"，"绝不肯辞退一个教员，或开除一个学生"，只是极力安抚敷衍。[69]C 先生对于学生的指责不肯示弱，学生也对"C 流氓这样恋栈"深表愤慨，坚持罢课。双方争执不下之际，F 校长去职，校长换成了"Z 先生"（蔡元培）。Z 校长上任后，将李季这一班的教师改为"辫子先生"，罢课风潮遂告平息。[70]"至于 C 先生并没有因此失掉位置，只是改教国文学门的英文。他受了我们罢课的教训，此时每点钟足足要上四十五或五十分，有时打过下堂钟，还向学生说：'请你们等一下，我将这一段讲完，'于是又另加上三五分钟。可是历时不久，他因某事与某先生大起冲突，竟将饭碗打破，在以后两三年中只见他携着手杖在中央公园闲游，再也找不到正当职业了。"[71]

能在出勤方面有所改进，大约是徐氏被姑且留用的主要因素。最终导致徐仁镜去职的"某先生"是谁，李季并未点明，至少应是校中某个有影响力的人物。《徐子明先生传略》中称："会陈独秀任北京大学文学院长，发行《新青年》，在校中提倡共产邪说，讥讪孔圣，先生见而大愤，切齿而言曰：'是有甚于洪水猛兽，不揭其隐，数十年之后，吾民尚有噍类乎？'乃面斥独秀，而后引退，撰《息邪》以及《辟谬》两书，由北京骡马市洪文印刷局出版，冀稍遏横流。"[72]《传略》充满失实之处，这

131

段含有生动言论的记叙也经不起深究。到徐氏离开北大的1917、1918年之交，陈独秀尚不曾"提倡共产邪说"，《新青年》的文章集中在批判孔教与倡导文学革命上，并未宣扬共产主义。[73] 故而这一说法可信度不高，让徐氏失去饭碗的，未必就是陈独秀。

1917年1月，尚在美国留学的胡适在《新青年》上发表了《文学改良刍议》，提出发展新文学的八点主张，即所谓"八不主义"。《新青年》的主编陈独秀旋即撰《文学革命论》与之呼应，[74] 文学革命由此成为知识界聚焦的话题。此时陈独秀已在蔡元培的邀请下到北大担任文科学长，他也力邀胡适归国后加入北大。[75]1917年9月，胡适就任北大教席，同时在中国哲学门和英国文学门授课。而徐氏则恰于此时不再担任英国文学门的专业课，被安排去教文本科的公共英文课。当时国文、哲学和史学门的英文课将学生按学力分为甲至戊五个班，徐氏所教为戊班，[76] 即学生成绩最差的班级。从这份课程表中也可看出，公共德文课的教师是顾兆熊和朱家华（骅），并非徐仁镜。汪荣祖屡次称傅斯年为徐氏所教德文班上学生，不知有何根据。[77]1917年12月，北大各科中的英文教员集体开会，选举胡适为英文部教授会主席。会上还推举十余名教员组成几个委员会，分别负责审查本科和预科现行教科书是否存在问题等事项。[78] 作为英文部教授会的成员，徐氏均不在这些委员会之列，可见他此时在北大已彻底失势。到这一学期末，也就是1918年1月，徐氏就被解聘了。昔日留学考试竞争对手如今声名鹊起，自己反而狼狈地失去饭碗，"自命为学贯天人"（李季语），[79] 且"妒性天成，人有一能，渠见之即不自安"（梅光迪语）[80] 的徐仁镜是否会泰然处之呢？[81]

《徐子明先生传略》称徐氏在离开北大后撰有《息邪》和

《辟谬》，则确有其事。1919 年 8 月，北京《公言报》上分八期连载了一篇署为"思孟来稿，文责作者自负"的长篇文章《息邪》，又题《北京大学铸鼎录》，包括蔡元培传、沈尹默传、陈独秀传、胡适传、钱玄同传、徐宝璜刘复合传六部分。[82] 在末尾的简短评论中，作者对时局深表不满，认为除执政者不重民生、与民争利外，蔡元培等北大新派人物的妖言惑众是当下乱局的重要成因。在作者看来，"蔡氏之说必至本末倒置，国亡家丧"，故而建议"令军警遏抑邪说，防患未然"。[83]

虽然作者在开篇和结尾打起为民为国的大旗，正文中却并没有对"邪说"作深入剖析，而仅用一些揭短性质的轶闻琐事试图丑化几位传主。写钱玄同、徐宝璜和刘复（半农）的篇幅都较短，内容泛泛，有陪绑凑数之嫌。沈尹默和陈独秀的两篇相对长一些，也更清晰地体现了作者的仇视，渲染沈尹默善玩弄权术，陈独秀私生活淫乱。篇幅最长的是蔡元培和胡适两部分，拼凑各种不相干的细节塑造他们的负面形象，可见此二人是作者意欲打击的主要目标。作者将蔡元培描绘成一个出身低贱，口不能言，无才无学的庸懦之辈，其中充满了毫无根据的毁谤。比如，文中称蔡元培"父以卖浆为业数见侮"，蔡氏进士及第后，其父喜称"吾乃今日始见天日矣"。[84] 据蔡氏自述，他出生于小康之家，十一岁丧父，父亲在世时为钱庄经理。[85] 作者又称蔡元培辞退十余名北大教员的原因是受到陈独秀和沈尹默的鼓动，以图空出名额，"均分其俸"，从而安插亲友任职。英国人 Cartwright（克德来）因合约未满向英使馆投诉，使馆通过外交部抗议，于是"蔡氏大惧，以六千金赠英人"。[86] 但蔡元培当时已作出澄清，北大解聘的都是不称职或因学科裁撤无课可开的教员，在克氏一事上并无违反合同之处，对克氏要求的巨额赔偿也拒绝接受。[87]

最耐人寻味的是作者对胡适的态度。虽然也是极力歪曲抹黑，如称胡适密谋驱逐北大法科学长王建祖和代理校长温宗禹，[88] 治墨子全是抄袭孙诒让《墨子间诂》，[89] 其笔下"白话诗之警句脍炙人口者"为"跑出西直门，跳上东洋车"[90] 云云，但也罕见地对胡适的学识和影响力给予了一定认可，称"沈陈刘钱之徒不识西字，妄袭谬说，斗筲之才不足比数，足以论新文学之鼻祖，必推胡适。"并将胡适视为极具政治野心的人物："自充大学教授即以结党为职志，其杂述东欧过激共产之说而以新文学体（白话）行之，殆欲使下流社会晓然于其说，振臂一呼，云从响应，而己为之渠魁。"[91] 但胡适对所谓共产之说并不认同，就在《息邪》发表前的 1919 年 7 月，他在《多谈些问题，少谈些"主义"》中明确反对高谈"外来进口的'主义'"，[92] 引发了一场著名的"问题与主义"之争。对于陈独秀，《息邪》反而没有预见到其将"以结党为职志"，只是称其因"肆言共产主义"被政府要求北大予以解聘，陈氏怀恨在心，故意撰写散发共产传单而被捕。[93] 足见作者对胡适分外看重，俨然将其视为最危险的敌手。

同月出版的第 33 号《每周评论》"随感录"一栏中，刊登了一段《辟谬与息邪》：

> 北京大学辞退的教员宜兴徐某前几个月做了一本"辟谬"，痛骂蔡孑民。近来又做了一本"息邪"，丑诋蔡孑民、陈独秀、胡适之、沈尹默等。这书里说蔡氏"居德五年竟识字百余，逋法三载，又识字十余"。又嘲笑陈沈诸人不通外国文，又说胡适"英文颇近清通，然识字不多"。我们初看了，

以为这位徐先生一定是精通西文的了。不料翻开第一页，就见他把 Marx 拼成 Marks。这种"谬"也是该"辟"的了。[94]

《每周评论》创刊于 1918 年 12 月，前期由陈独秀主编，陈氏被捕后由胡适接编（自第 26 号起）。《辟谬与息邪》作者署名天风，是胡适在这个刊物上的常用笔名。文中虽未直接写出思孟的姓名，在圈内人眼中也相当于揭穿了他的真面目。当时被北大辞退的宜兴籍徐姓教员，除徐仁镜外没有第二人。胡适不但指出《息邪》是出自徐氏手笔，连此前的《辟谬》也一并揭露出来。滑稽的是，《息邪》中还煞有介事地提到了《辟谬》，称林纾指责蔡元培"提倡邪说诱惑少年子弟之罪"后，蔡氏"用诡辩自雪"，"有号秋霜者刊辟谬一书痛驳蔡氏之书，蔡氏亦不能答也。"[95]

1919 年 2 月，林纾应其旧日学生张厚载的约稿，在《新申报》上开辟"蠡叟丛谈"专栏，连载一系列文言笔记体小说。2 月 17 日发表的《荆生》杜撰了皖人田其美、浙人金心异、"新归自美洲"的狄莫三人放言高论，声称要"去孔子、灭伦常"、"废文字，以白话行之"，结果遭到"伟丈夫"荆生痛殴的故事。[96]这三个反面人物从名字到主张都明显是影射陈独秀、钱玄同和胡适。[97]随后《每周评论》转载了《荆生》，在记者按语中指出这篇小说代表着用武力压制新思潮的动向，荆生则是林纾的自诩。[98]荆生也被认为是指安福俱乐部的首脑徐树铮，[99]林纾当时在徐树铮创办的正志中学担任国文总教，与其多有过从。徐树铮与柯绍忞、马其昶、姚永朴、姚永概等桐城派古文学家交好，被认为具有"慕重师儒之情怀"，同时亦有"武健之本色"，[100]

很符合荆生的形象。徐树铮还曾在正志中学演讲时"痛骂讲新学者为丧心病狂",[101]更使人将其与荆生联系在一起。

无论荆生原本所指为谁,这篇小说都将守旧派对新思潮的仇视和欲惩之而后快的心态表露无遗。几乎与林纾发难的同时,京中也出现了不利于北大新文化派的传闻。2月26日,正在北大法科就读的张厚载在《神州日报》上发表一篇"北京特约通信",称因为北大文科学长和教员"言论思想多有过于激烈浮躁者",大总统徐世昌要求教育总长傅增湘查办,傅令陈独秀辞职,陈"不安于位,即将引退"。文中还称陶履恭、胡适、刘半农等教授也将一起辞职,而同在北大文科任教的刘师培即将组织《国故》杂志与《新青年》、《新潮》对抗。[102]3月9日,张厚载又发表了一篇报道,称蔡元培对陈独秀辞职一说并未否认。[103]陈独秀等人将要被迫离开北大一事经披露后,幕后黑手受到了舆论的齐声谴责,被视为"受者之耻辱,毋宁施者之耻辱"。[104]免职之说随后被澄清,谣言的来源却出现了多个版本。[105]一时间,旧派文人官僚与新思潮间的对峙闹得满城风雨。甚至有参议员张元奇要求教育部查禁《新青年》和《新潮》,称此等杂志"实为纲常名教之罪人",扬言要在新国会中弹劾教育总长和北大校长。[106]

将这场新旧之争推向高潮的便是《息邪》中提及的林纾与蔡元培的辩论。《公言报》由徐树铮出资创办,相当于安福俱乐部的机关报。周作人称"它的论调是一向对于北大没有好意"。[107]陈独秀也曾表示:"安福俱乐部当权时,即无日不思与北大作对,蔡先生之精神力用之于对付反对者三分之二,用之于整理校务者,仅三分之一耳。"[108]3月18日,《公言报》上刊出一篇报道,绘声绘色地描述了北大中新旧两派的对立,《国故月刊》与《新

136

青年》的对抗等事，并发表了林纾写给蔡元培的长信。[109] 在信中林纾正面阐述了自己对儒家伦理和古文与白话地位的意见，忧心于中国传统文化面临的危局，劝诫蔡元培要"以守常为是"。蔡元培对林纾的信和《公言报》的报道立即撰长文回应，澄清从未打算"覆孔孟，铲伦常"和"尽废古书，行用土语为文字"，以思想自由的基本立场为新文化派辩解。[110]《公言报》并未刊载蔡元培的答复，只评论说蔡氏不敢承认北大"自坏国家数千年文明"的"丧心病狂之举动"，同时刊登了《林琴南再答蔡鹤卿书》。[111] 在这封信中，林纾一面承认"传闻失实，不无过听"，同时也表示所求为"存孔子之道统也，伦常之关系也，古文之不宜屏弃也"，要"拼我残年，极力卫道"。这期间，林纾又在"蠡叟丛谈"中发表了一篇攻击北大的小说《妖梦》，内容较《荆生》更为露骨，[112] 反而激化了矛盾。

　　林蔡之争引发了广泛的讨论，[113] 甚至使得总统徐世昌出面，"对于最近新旧思潮之冲突为调和之规戒"。[114] 不过舆论焦点旋即被巴黎和会上中国外交失败的消息占据，5 月 4 日，由于山东问题爆发的游行和冲突让这场文化交锋暂告一段落。在此次风潮中，蔡元培被官方认为有鼓动庇护学生之嫌，一度准备将其撤职，[115] 甚至传出过要杀蔡元培，捣毁北大的消息。[116] 被捕学生获释回校后，5 月 9 日，蔡元培辞去北大校长，悄然离京南下，并委托工科学长温宗禹代理校务。[117] 被认为袒护蔡氏，对北大"太执宽大"的教育总长傅增湘也几度提交辞呈，于 5 月 11 日离职出走。[118] 北大及京中教育团体多次派代表劝蔡元培回校，并向教育部上书，呼吁挽留蔡氏。5 月 14 日，徐世昌发布大总统令驳回蔡氏的辞呈，随后国务院和教育部亦致电慰留。[119] 但蔡氏在回电中称病谢绝回任，[120] 经过多次沟通，蔡氏仍拒绝北返。[121] 6月3日，大批学生因上街宣传而被捕，风潮愈演愈烈。代行教育总长职责的袁希涛因处理不力提出辞职，被内阁照准，政府同时还决定批准蔡元培的辞呈，委派胡仁源为新北大校长。[122] 6月6日，这一任命公布，旋即遭到北大师生的抵制。6月7日，北大教职员二百余人集会，决议不接受政府派胡仁源署理北大校长，上书总统请其收回成命，并劝胡仁源万勿来校。[123] 后胡仁源被改派到教育部任职。[124] 通过多方协调，几经反复后，蔡元培终于在7月9日致电教育部和北京学界，表示愿意"暂任维持，共图补救"，[125] 后又请蒋梦麟暂时代理校务。[126]

自蔡元培出走起，《公言报》对蔡氏的行止密切关注，报道中表现出了明显的倾向性。胡仁源署理北大的任命公布后，《公言报》特意刊载某官员的贺电，表明对胡氏的支持。[127] 针对北大师生吁请蔡元培返校，拒绝胡仁源的行动，该报则刊出号称北大本预科1358人联名发表的公开信，声称迎蔡拒胡不代表大多数民意，只是"提倡新文学之胡某等""假全体教员之名义，以遂彼辈之阴谋"。[128] 而此信实为安福部出资收买30余名北大学生、毕业生和投考考生所炮制，以求为胡仁源出掌北大造势。[129] 甚至还有报道称蔡元培已经"神经错乱，受病甚深"，"北上一层殆不敢必矣"。[130] 面对蔡元培通电表示可以重回北大，《公言报》报道的重点则放在"回京尚无确期"上。[131] 蔡氏派蒋梦麟代理后，该报对此未做报道，而是特意登出五人联署要求恢复北大工科的请愿书，[132] 又发表声明撇清自己与迎蔡拒胡风波的关系。[133]

《公言报》极力营造出蔡元培不会北返，北大中人善于玩弄权术的舆论导向，攻击蔡氏一党的《息邪》则恰与此导向互相配合，并也将胡适指为"迎蔡拒胡幕后主力"。[134]《息邪》最后归结到"令军警遏抑邪说"，与林纾希望借"荆生"打倒新派的思路如出一辙。陈独秀数月前便已对这样的行为表示了不屑："无论新旧何种思想，他自身本没有什么罪恶。但若利用政府权势，来压迫异己的新思潮，这乃是古今中外旧思想家的罪恶，这也就是他们历来失败的根原。至于够不上利用政府来压迫异己，只好造谣吓人，那更是卑劣无耻了！"[135]

笔者翻阅了当时多种报刊，没有发现刊登《辟谬》，也未发现他人对《辟谬》的评论。[136]可以说，在新旧思潮激荡，众说纷纭之时，这是一篇默默无闻的作品，远不足以与林纾的发难相提并论。很可能它根本没有进入过蔡元培的视野，并非"不能答也"。但《息邪》是在《公言报》上刊出，便立即遭到了反击。继《辟谬与息邪》后，北京《国民公报》的"寸铁"栏目从8月8日到8月19日连续发表了十余篇针对思孟的随笔，其中最有代表性的是"黄棘"和"椿"的批评：

有一个什么思孟做了一本什么息邪，尽他说，也只是革新派的人，从前没有本领罢了。没本领与邪，似乎相差还远，所以思孟虽然写出一个 ma ks，[137] 也只是没本领，算不得邪。虽然做些鬼祟的事，也只是小邪，算不得大邪。

造谣说谎诬陷中伤也都是中国的大宗国粹，这一类事实，古来很多，鬼祟著作却都消灭了。不肖子孙没有悟，还是层出不穷的做。不知他们做了以后，自己可也觉得无价值么。如果觉得，实在劣得可怜。如果不觉，又实在昏得可怕。（黄棘）[138]

孟夫子说"我亦欲正人心息邪说",所以做"大学铸鼎录"那位先生自号"思孟",标明"息邪",但既是息邪说,便应该将蔡胡诸先生的学说一一驳倒,才算本领,何必替人立传呢。无论他说的是真是假,即使是真,也是攻击私人(personal attack),也是顾而言他(begging the question),也是文不对题,蔡胡诸先生的学说仍然站得住。敬告那位先生,是若想做孟夫子,还请他另做一篇对题的文章呢。(椿)[139]

"黄棘"为鲁迅的另一个笔名,该文也被收入了《鲁迅全集》。[140]"椿"并非该报常见笔名,其真实身份难以确认。从姓名相似度和立场来看,有可能是北大理科教授张大椿。蔡元培出走后,他曾由北大评议会推举为协助温宗禹代行校务的委员会成员。[141]另两位北大中人钱玄同和孙伏园则分别以"昇"和"伏"之名,[142]就应该如何回应思孟的攻击进行了一番讨论。孙伏园首先提出,对这样的诋毁,北大方面不该以"不屑与辩"的"绅士态度"对待。[143]钱玄同认为,"蔡等诸君该做的事很多,要是耗去宝贵光阴,去和这班人争论,未免太可惜了。[144]孙伏园又表示,"世间上有个'思孟',未始不是他们感化力薄弱的缘故",所以他们应努力促使"思孟"们幡然悔悟,让这种人再不会出现。[145]钱玄同则称,蔡先生等人两年来都是致力于此,但思孟其人"陷溺已深,恐怕感化甚难。我们局外人,除了口诛笔伐,有什么法子想呢。"同时钱也暗示,当下缺乏独立的司法,如果诉"思孟"于"思孟",则实属无谓。[146]

二人的讨论言尽于此。对新文化阵营而言,《息邪》只是一本造谣攻击的下流作品,冷嘲热讽足矣,尚不具有作为学理讨论对手的资格。《息邪》抹黑的重点对象蔡元培对此没有做出回应。在 1940 年撰写的《自写年谱》中，蔡元培提及"迎蔡拒胡"风波时称："推戴胡君的人，手段太不高明。他们一方面运动少数北大学生，欢迎胡君；一方又发表所谓燃犀录，捏造故事，丑诋我及沈尹默，夏浮筠诸君。"[147]《蔡元培全集》该卷的编者高平叔在注释中称《燃犀录》即指《息邪》，[148] 这一判断当属可靠。前理科学长夏元瑮（浮筠）当时已出国留学，[149] 与"迎蔡拒胡"一事无涉，《息邪》也未将其列为攻击对象。但"燃犀"与"铸鼎"是诗文中经常并用的两个典故，很有可能蔡元培晚年回忆时出现偏差，记混了书名。[150] 如果《息邪》即是蔡氏心目中的"捏造故事"和"丑诋"，也便说明了为何蔡元培对《息邪》不予理睬。他对林纾的回复，也是针对其严肃表达文化观的信，并不是《荆生》、《妖梦》那种诋毁泄愤之作。

徐氏被北大解聘一年有余，才推出这本"鬼祟著作"，时机恰好选在蔡元培离开北大，反蔡势力紧密活动之时。从《息邪》中述及迎蔡拒胡风波的措辞来看，此文写就时蔡氏是否会重掌北大尚未明朗，而在《公言报》刊出时，蔡元培返回北大已成定局。对钱玄同、鲁迅等人的讥讽，"思孟"并未现身反驳，也没有"另做一篇对题的文章"，从此销声匿迹。但徐氏本人却显然并未释怀。四十年后，蔡元培与陈独秀早已作古，徐氏也已远渡台湾，却仍对胡适表现出了不同寻常的仇恨，且发难的时机也是在对方已受到攻击，并有政治势力介入的背景下。此是后话。

---

[1] 《学林漫步》最初于 1983 年由台北时报出版社出版，国内首个版本为天津百

花文艺出版社 1998 年版，内容与台北初版相同。本文所引用的《学林漫步》中文章均出自江苏教育出版社 2005 年的增订版。

[2] 《外国史研究》，《学林漫步》，第 7—8 页；《中国文史之学的危机与转机》，《学林漫步》，第 241—242 页；《长使书生泪满襟》，《学林漫步》，第 349 页。

[3] 《怀念宜兴徐子明先生》，《学林漫步》，第 288 页。除《外国史研究》外，几篇提到徐子明的均为新增文章。

[4] 参见卞僧慧纂《陈寅恪先生年谱长编（初稿）》，北京：中华书局 2010 年版，第 53—54 页。

[5] 汪荣祖《史家陈寅恪传》，北京：北京大学出版社 2005 年版，第 28 页。

[6] 《陈寅恪入复旦公学年月及是否毕业考》为 2010 年全国档案工作者年会入选论文，全文可见于多家网站，未查到发表刊物或书籍。陈寅恪的年谱、传记等书多称陈氏 1907 年入复旦公学，孙、杨文考证此为误记。

[7] 《复旦公学章程》（1905 年），复旦大学校史编写组编《复旦大学志》第一卷（1905—1949），上海：复旦大学出版社 1985 年版，第 65—66 页。

[8] 参见"本校大学部历届各科毕业姓名"，《复旦大学同学录》，复旦大学注册处 1930 年编。

[9] "历年同学录"，《南洋大学卅周纪念校友录》，南洋大学卅周纪念出版物委员会 1926 年编。

[10] 参见《复旦大学志》第一卷，第 27—33 页。

[11] 《怀念宜兴徐子明先生》，《学林漫步》，第 288 页。

[12] 《怀念宜兴徐子明先生》，《学林漫步》，第 289 页。

[13] "美国退还庚子赔款之经过"，刘真主编，王焕琛编著《留学教育：中国留学教育史料》第一册，台北："国立编译馆"1980 年版，第 140—144 页。

[14] "第一次庚子赔款留美学生名单"，《留学教育：中国留学教育史料》第一册，第 174—178 页。

[15] 该名单可参见《考试游美学生揭晓》，载 1909 年 9 月 14 日《申报》，第一张第三版。

[16] 初取名单参见《考试留美学生草案》，载 1910 年 8 月 5 日《申报》，第一张第五版。

[17] 复试录取情况见《取定游美学生名单》，载 1910 年 8 月 9 日《申报》，第一张第五版。

[18] 胡适《四十自述》之"我怎样到外国去"，欧阳哲生编《胡适文集》1，北

京：北京大学出版社 1998 年版，第 102 页。

[19] 1910 年 7 月 "游美学务处为报考试第二次留美学生事宜致外务部呈文"，中国第一历史档案馆《宣统年间清廷遣派赴美留学生史料选》，载《历史档案》1997 年第 2 期，第 51 页。

[20] 143 人的具体名单可参见《考试游美学生揭晓》，载 1910 年 8 月 9 日《时报》，第二版。

[21] 名单见 "第三次遣派游美学生姓名、年岁、籍贯清折"，《宣统年间清廷遣派赴美留学生史料选》，《历史档案》1997 年第 2 期，第 53—54 页。

[22] "外务部、学部会奏为收还美国赔款遣派学生赴美留学办法折"，《留学教育：中国留学教育史料》第一册，第 146 页。

[23] 三批学生的具体年纪见《宣统年间清廷遣派赴美留学生史料选》中名单，《历史档案》1997 年第 2 期，第 50、51—53、53—54 页。

[24] 1918 年清华学校又编辑了一册《游美同学录 附刊一》（*Supplement 1*），其中仍未收录徐仁铦。

[25] 《清华一览》，民国十四年至十五年度，第 106 页。

[26] 《清华同学录》，国立清华大学校长办公处 1937 年印行，第 24 页。Heidellery 应为 Heidelberg（海德堡）的手民之误。首次编制《清华同学录》是在 1927 年 5 月，只标注了毕业生的学科和学位，没有具体学校。徐光的学历为 "哲学博士"，并注为 "原名仁铦"（第 9 页）。第二次刊印《清华同学录》为 1933 年 7 月，学生按姓氏笔画排列，徐光的学历信息与后来的 1937 年版完全相同（包括 Heidellery 的误植），职务为 "前北京大学教授"，地址 "江苏宜兴西庙巷"（第 129 页）。

[27] 参见《梅光迪序与胡适交谊的由来》，耿云志主编《胡适遗稿及秘藏书信》33，合肥：黄山书社 1994 年版，第 479 页。

[28] "梅光迪信四十五通"，《胡适遗稿及秘藏书信》33，第 357—360 页。

[29] 梅光迪信中所说的 "程度相差七年" 指复旦公学中的七级，并不是时间上的七年。1908 年梅光迪入校时，复旦共有七级学生，参见《陈寅恪入复旦公学年月及是否毕业考》。

[30] 梅光迪在 "同住陆某亦老朽而怪僻者" 一行的纸边空白处加了一句注，称 "陆徐皆三十余岁人"。陆懋德与徐仁铦同为 1888 年生，只比梅光迪大两岁，三十余岁的印象当是梅氏自感处于弱者地位时的误认。

[31] 以上经过详见 "梅光迪信四十五通"，《胡适遗稿及秘藏书信》33，第 360—363 页。

[32] 《清华同学录》（1937年版），第28页。

[33] 《游美同学录》，北京清华学校1917年编，第143页。

[34] "梅光迪信四十五通"，《胡适遗稿及秘藏书信》33，第363—365页。

[35] 《留学教育：中国留学教育史料》第一册，第215页。

[36] 《怀念宜兴徐子明先生》，《学林漫步》，第289页。

[37] "职员一览"，《国立北京大学廿周年纪念册》。该纪念册未写明出版时间，陈平原《作为话题的北京大学——历年"纪念册"述评》一文中以北大二十周年纪念会在1917年12月17日举行为由，称该书应为1917年出版，"很多人想当然地，将此书的出版时间定为1918年"。（《老北大的故事（增订版）》，北京：北京大学出版社2009年版，第80页。）二十周年纪念会的时间确为1917年12月，但《廿周年纪念册》收有蔡元培在纪念会上的演说词，其中提到"预备补刊一纪念册"；"例言"中还说明"一月二十五日本校日刊有校长布告一则"，关于为纪念册搜集材料和编辑事宜，"至四月三十日此册全部编就付印"。《北京大学日刊》于1917年11月创刊，"一月二十五日"布告指的是1918年1月25日《北大日刊》上的《本校二十周年纪念册之筹备》。且《廿周年纪念册》中"前任教员"部分的任职时间统计到民国七年，也说明该书不可能是1917年出版，定于1918年才是正确的。台北传记文学出版社于1971年影印重版了《廿周年纪念册》（收入民国史料丛刊第五种，《国立北京大学纪念刊》第一册），吴相湘撰写的前言中亦称该书为1917年刊行。

[38] 廖静文《徐悲鸿一生——我的回忆》，北京：中国青年出版社2007年版，第20—21页。王震编著《徐悲鸿年谱长编》（上海：上海画报出版社2006年版，第8页）中称徐子明为法国留学生，于1913年赴上海中国公学任教，并将法国卢浮宫的名画复制品带给徐悲鸿观摩，徐悲鸿由此萌生了留学法国的念头。该书对此说法并未注明原始出处，根据徐子明的经历可判断与事实不符。

[39] 原载 Chinese Culture Quarterly 杂志第5卷第3、4期和第6卷第1期，1964年在美出版单行本。2010年国家图书馆出版社影印本《袁同礼著书目汇编》第3册中收录了全文。

[40] 海德堡大学档案馆中资料由该校博士候选人陈亮先生代为查阅，谨致谢忱。

[41] 《胡适的博士问题》，《学林漫步》，第300—301页。这篇是旧版原有文章，书中新增的一篇《胡适历程的曲直》中也论及此事，观点相同，见《学林漫步》第133页。

[42] 详情可参见余英时《从〈日记〉看胡适的一生》，《重寻胡适历程：胡适生平与思想再认识》，台北：联经出版公司2004年版，第3—13页；江勇振《舍我其

谁：胡适 第一部 璞玉成璧 1891—1917》，台北：联经出版公司 2011 年版，第 371—378 页。

[43] 《宜兴徐子明先生遗稿》，台北：华冈出版部 1975 年版，第 295 页。

[44] 《宜兴徐子明先生遗稿》，（英文部分）第 74 页。

[45] 《徐子明先生传略》，《国史馆现藏民国人物传记史料汇编》第十五辑，台北："国史馆" 1996 年编印，第 290 页。

[46] 例如台湾学者欧素瑛在《传承与创新——战后初期台湾大学的再出发(1945—1950)》（台北：台湾古籍出版公司 2006 年版，第 252 页）一书中提及徐子明，便引用了上述简介；陈弱水在《台大历史系与现代中国史学传统（1950—1970)》（载《台大历史学报》第 45 期（2010 年 6 月），第 129 页）一文中对徐氏的留学时间也采信了这一说法。

[47] 《国立北京大学分科规程》，1916 年编印，第 31 页。该书不见于北京大学图书馆和中国国家图书馆，北京大学档案馆有藏，档号 BD 1916005。

[48] 《北京大学四年度周年概况报告书》（六年五月二十六日报部），载《教育公报》第四年第十期（1917 年 8 月）。

[49] 当时北大文科中设有中国文学门、英国文学门和中国哲学门三个专业。《国立北京大学分科规程》中还列出了一个西洋哲学门，但该专业实际上没有学生。

[50] 《国立北京大学分科规程》，第 36—37 页。

[51] 汪荣祖《史学九章》，北京：生活·读书·新知三联书店 2006 年版，第 25 页。

[52] 汪荣祖《五四与民国史学之发展》，萧延中、朱艺编《启蒙的价值与局限——台、港学者论五四》，太原：山西人民出版社 1989 年版，第 186 页。

[53] 《为了民主与科学：许德珩回忆录》，北京：中国青年出版社 1987 年版，第 21—22 页。该书 2001 年出有新版，内容无变化。

[54] 许德珩《我的回忆——从北京大学到武汉军事政治学校》，牟小东记录，《红旗飘飘（30 集）》，北京：中国青年出版社 1986 年版，第 51 页。

[55] 许德珩《纪念"五四"话北大——我与北大》，载《北京大学学报（哲学社会科学版)》1979 年第 2 期，第 4 页。

[56] 《北京大学之进德会》，载 1918 年 1 月 19 日《北京大学日刊》，第四版。

[57] 参见当年英国文学系的课程表，《国立北京大学八年至九年度学科课程一览》，第 14—15 页（该书藏于北京大学档案馆，档号 BD 1919029）。《九年度至十年度学科课程一览》及此后的英文系课程表中已没有辜鸿铭的名字，说明辜氏是在 1920 年下半年离开北大。

[58]　《蔡校长致公言报函并附答林琴南君函》，载 1919 年 3 月 21 日《北京大学日刊》，第四版。

[59]　李季《我的生平》，上海：亚东图书馆 1932 年版，第 141—142 页。

[60]　当时英国文学门的部分课程与中国文学门一致，授课者包括朱希祖（中国文学史）、胡以鲁（言语学概论）、夏锡祺（美学概论）等。英国文学类课的教师有辜鸿铭、徐仁锖和英国人阿得利，此外在文科中讲授英文的还有周典（京兆大兴人，美国宾夕法尼亚大学硕士，文科兼法科教员），其余几人与"C 先生"明显不符。教师名单及课程可参见《北京大学分科暨预科周年概况报告书》（四年十月二十六日报部）（载 1915 年 12 月《教育公报》第二年第九期）、《北京大学四年度周年概况报告书》、《国立北京大学分科规程》。

[61]　邱志红《从辜鸿铭在北大任教始末看北大"英文门"时期的师生状况》一文也引用了李季这段回忆，将"C 先生"考证为周思恭。（《中国社会科学院近代史研究所青年学术论坛（2008 年卷）》，北京：社会科学文献出版社 2009 年版，第 114—115 页。）事实上周思恭是北大文预科的讲师，并不属于文本科，更不曾在英文门授课，与"C 先生"的身份不合，可参见《国立北京大学廿周年纪念册》中的教员名单。该文称辜鸿铭 1915 年到北大任教，实际辜氏为 1914 年受聘于北大，见《北京大学分科暨预科周年概况报告书》。该文又称据李季所述"C 先生"到校时间早于辜氏，但李季原书中并没有这个意思，应是作者理解有误。

[62]　《我的生平》，第 142、159 页。

[63]　具体名单见《国立北京大学分科规程》，第 126 页。

[64]　参见《国立北京大学毕业学生一览》，北大注册部编志课 1930 年编，第 144—145 页。当时北大本科学制为三年，故 1915 年入学，正常为 1918 年毕业。

[65]　《我的生平》，第 159—161 页。

[66]　《为了民主与科学：许德珩回忆录》，第 17 页。

[67]　二人都在《国立北京大学规程》记载的英文门一年级名单中。季培刚编著《杨振声编年事辑初稿》中称杨振声于 1915 年"考入北京大学国文系"（济南：黄河出版社 2007 年版，第 10 页），当为误记。

[68]　1919 年哲学门和国文门毕业生名单参见《国立北京大学毕业学生一览》，第 171—173 页。哲学门毕业生中除杨立诚外，还有原本在英文门读过一年级的欧阳道达和徐深（徐凌汉）；国文门除杨振声、许德珩外，还有崔龙文也出身于英文门。

[69]　《我的生平》，第 143—144 页。

[70]　详见《我的生平》，第 148—158 页。

[71] 《我的生平》，第 158 页。

[72] 《徐子明先生传略》，《国史馆现藏民国人物传记史料汇编》第十五辑，第 290 页。

[73] 直至 1919 年五四运动时，陈独秀的思想仍属于民主派，未转向共产主义，其立场从 1919 年底到 1920 年上半年时向马克思主义过渡。参见任建树《陈独秀大传（第 3 版）》，上海：上海人民出版社 2012 年版，第 134、154、161 页。1919 年 5 月出版的《新青年》6 卷 5 号是该刊第一次集中宣传马克思主义。

[74] 《文学改良刍议》载《新青年》2 卷 5 号（1917 年 1 月）；《文学革命论》载《新青年》2 卷 6 号（1917 年 2 月）。

[75] "陈独秀信二十通"，《胡适遗稿及秘藏书信》35，第 564 页。

[76] 《本科外国语教员担任钟点表》，载 1918 年 1 月 5 日《北京大学日刊》，第四版。

[77] 欧阳哲生主编《傅斯年全集》（长沙：湖南教育出版社 2003 年版）第一卷书前照片中收有傅斯年在北大文本科就读期间的总成绩表，上面显示傅氏所修外语为日文，无德文课。欧阳哲生在《傅斯年与北京大学》（载《北京大学学报（哲学社会科学版）》1996 年第 5 期，第 40，42 页。）一文中也引用了这份成绩表，同时还提供了北京大学档案馆藏傅斯年 1916 年在北大预科的毕业成绩单，其中有德文课。徐仁镜是文本科而非预科教员，傅氏在预科时修的德文课应不是徐氏所教。

[78] 《英文部教授会成立纪事》，载 1917 年 12 月 13 日《北京大学日刊》，第二、三版。

[79] 《我的生平》，第 148 页。

[80] "梅光迪信四十五通"，《胡适遗稿及秘藏书信》33，第 358 页。

[81] 作为直接主管徐仁镜的英文部教授会主席，且对徐氏的为人知根知底，胡适有可能是导致徐氏离开北大的人。胡适在 1918 年 7 月写给钱玄同的信中曾提及徐氏，措辞语气并不友善："徐佩铣还不曾把《字义学》送还，我也无法对付他，只好坐待他天良发现了！"（耿云志、欧阳哲生编《胡适书信集》上册（1907—1933），北京：北京大学出版社 1996 年版，第 165 页。）胡适在当选英文部教授会主席后不久便请假回家（与江冬秀完婚），该职务由陶履恭代理（参见 1917 年 12 月 16 日《北京大学日刊》上启事《英文门教授会公鉴》），直至 1918 年 2 月才回到北大。为保证教学正常进行，解聘教授通常不会发生在学期中间，徐氏离职的 1918 年 1 月即为学期结束之时。因此令徐氏去职的冲突实际不一定发生在 1918 年 1 月，但如果事发于 1917 年 12 月胡适返乡后，此事便与胡适无关。

[82] 《息邪》载 1919 年 8 月 6 日至 13 日《公言报》，均为第六版。

[83] 《息邪》篇末"论曰"，1919 年 8 月 13 日《公言报》。

[84] 《息邪》之"蔡元培传"，1919 年 8 月 7 日《公言报》。

[85] 蔡元培《自写年谱》，中国蔡元培研究会编《蔡元培全集》第十七卷，杭州：浙江教育出版社 1998 年版，第 420—421 页。

[86] 《息邪》之"蔡元培传"，1919 年 8 月 7 日《公言报》。

[87] 见《克德来燕瑞博控诉北京大学及蔡校长呈》、蔡元培《复外交总长函》、《复教育部函》、《复外交部函》，《蔡元培全集》第十卷，第 303—307、315 页；《辞退外国教员克德来理由复教育部呈》，《蔡元培全集》第十八卷，第 215—217 页。此次风波发生在 1917 年四五月间，交涉过程在北大档案中有翔实记载，可参见"北大辞退英籍教员事件的文稿"，北京大学档案馆藏，档号 BD 1918013。

[88] 1919 年 6 月 7 日，北大教职员以法科学长王建祖在"六三"军警逮捕学生后对学生不予保护，与政府串通为由达成决议，要求王氏出面答复，否则将逐出学界。这次会议并非由胡适主导，且温宗禹代理校务的地位仍受到认可。参见《昨日北大全体教职员大会》，载 1919 年 6 月 8 日《晨报》，第三版。

[89] 《息邪》之"胡适传"，1919 年 8 月 11 日《公言报》。胡适的《〈墨子·小取〉篇新诂》(载 1919 年 3 月《北京大学月刊》1 卷 3 期)中清晰地体现了他的西方哲学知识背景，且已指出孙诒让的某些说法有误，不可能全是抄袭孙氏。

[90] 胡适从未写过这样的"诗"。对此钱玄同讽刺道："有个宜兴人，姓徐，他替胡适做了两句诗叫做'跑出西直门，跳上东洋车。'他自以为对于新体的诗模仿得很工。'西'字对'东'字，足见他曾学过对对子，难得，难得。"(载 1919 年 8 月 13 日北京《国民公报》第六版，"寸铁"之一)

[91] 以上引自《息邪》之"胡适传"，1919 年 8 月 12 日《公言报》。

[92] 《多研究些问题，少谈些"主义"！》，载《每周评论》31 号(1919 年 7 月 20 日)，第一版。

[93] 《息邪》之"陈独秀传"，1919 年 8 月 10 日《公言报》。陈独秀于 1919 年 6 月 11 日因散发《北京市民宣言》被捕，这份宣言提出取消对日密约、将亲日派六官员免职、市民集会言论自由等呼吁，与共产主义不相干。参见《陈独秀大传(第 3 版)》，第 136—137 页。或许徐氏根本不理解什么是共产主义，在其概念中这个词相当于反政府、反传统、激进派之类的意思。

[94] 天风《辟谬与息邪》，载《每周评论》33 号(1919 年 8 月 3 日)，第四版。《辟谬与息邪》见报略早于《公言报》上的《息邪》，可能是胡适已看到以小册子形式

面世的《息邪》，也有可能是《每周评论》的实际出版时间与所标日期不一致。

[95] 《息邪》之"蔡元培传"，1919 年 8 月 8 日《公言报》。

[96] 《荆生》，载 1919 年 2 月 17 日、18 日《新申报》，第一张第三版。

[97] 姓名的具体解释可参见周策纵《五四运动史》，长沙：岳麓书社 1999 年版，第 89—90 页。

[98] 《每周评论》12 号（1919 年 3 月 9 日），第四版。

[99] 如刘半农后来回忆道："卫道的林纾先生却要于作文反对之外借助于实力——就是他的'荆生将军'，而我们称为小徐的徐树铮。这样文字之狱的黑影，就渐渐的向我们头上压迫而来。"《初期白话诗稿序目》，《半农杂文二集》，上海：良友图书公司 1935 年版，第 354 页。

[100] 徐一士《谈徐树铮》，《一士类稿》，沈阳：辽宁教育出版社 1997 年版，第 139—140 页。按：据该书序言，徐凌霄（仁锦）、徐一士（仁钰）兄弟亦称徐致靖为伯父，应为徐仁镜的从兄。

[101] 《摧残新学派之恶首》，载 1919 年 4 月 10 日《神州日报》，第六版。

[102] 《学海要闻》（半谷通信），载 1919 年 2 月 26 日《神州日报》，第二版。

[103] 《学海要闻》，载 1919 年 3 月 9 日《神州日报》，第二版。3 月 22 日，《神州日报》刊登蔡元培来函（载第四版），信中对张厚载关于北大的诸多不实说法做出澄清。后张厚载以"传播无根据之谣言，损坏本校名誉"为由被北大勒令退学。（《本校布告》（一），载 1919 年 3 月 31 日《北京大学日刊》，第一版。）

[104] 世杰（包世杰）《谁的耻辱？》，载 1919 年 3 月 6 日《中华新报》，第一张第二版。

[105] 可参见《北京大学风波之真相》，载 1919 年 3 月 18 日、19 日《中华新报》，第一张第二版；《北京大学风潮之真相》，载 1919 年 3 月 21 日《中华新报》，第二张第二版。

[106] 《新旧思潮冲突之第一声》，载 1919 年 3 月 30 日《国民公报》，第二版。张元奇为林纾同乡，二人有交谊。陈独秀称张元奇要求查禁北大刊物系由林纾鼓动，参见只眼《林纾的留声机器》，载《每周评论》15 号（1919 年 3 月 30 日），第三版。

[107] 《知堂回想录》，北京：群众出版社 1999 年版，第 303 页。

[108] 《在欢送蔡先生出国宴会上致词》，原载 1921 年 11 月 24 日《时报》，转引自任建树主编《陈独秀著作选编》第二卷，上海：上海人民出版社 2009 年版，第 362 页。

[109] 《请看北京学界思潮变迁之近状》、《林琴南致蔡鹤卿书》，载 1919 年 3 月 18 日《公言报》，第三、六版。被这篇报道指为北大中旧派领袖的刘师培随后投书

《公言报》（载 3 月 22 日第六版），否认有联合其他教员反对新派之举，表示《国故月刊》并非意在与《新青年》、《新潮》相抗。

[110] 《蔡校长致公言报函并附答林琴南君函》，载 1919 年 3 月 21 日《北京大学日刊》，第四版。

[111] 《北京学界思潮变迁现状再志》，载 1919 年 3 月 23 日《公言报》，第三版。

[112] 《妖梦》描写阴曹地府中有一"白话学堂"宣称"古文讨厌"、"要伦常何用"，后该学堂校长、正副教务长三个鬼（影射蔡元培、陈独秀和胡适）被"罗睺罗阿修罗王"吞吃，"化之为粪"。（载 1919 年 3 月 19 日至 23 日《新申报》，第三版）张厚载致蔡元培信中称，林纾见蔡氏请其为刘应秋文集作序，本打算不再发表《妖梦》，但文章已交与报馆，无法撤回。参见《蔡校长复张蓼子君书 附录张蓼子君函》，载 1919 年 3 月 21 日《北京大学日刊附张》，第六版。

[113] 各报刊舆论普遍持同情北大新文化派的态度，可参见《每周评论》17 号（1919 年 4 月 13 日）和 19 号（1919 年 4 月 27 日）的特别附录《对于新旧思潮的舆论》。并有论者将林氏的攻击上升到依附军阀"摧残新思想学术"、"兴文字之狱"的高度，参见《林琴南诋毁新文学》，载 1919 年 3 月 20 日《民国日报》，第二张第七版。

[114] 《徐总统于五日邀见与教育界有关系之人》，载 1919 年 4 月 7 日《新申报》，第一张第三版。

[115] 《蔡元培辞去校长之真因》，载 1919 年 5 月 13 日《晨报》，第二版。

[116] 《黑暗势力与教育界全体搏战》，载 1919 年 5 月 12 日《民国日报》，第二张第六版。

[117] 《蔡元培启事》，载 1919 年 5 月 10 日《北京大学日刊》，第一版；《校长辞职呈文全文》，载 1919 年 5 月 17 日《北京大学日刊》，第三、四版。

[118] 《雨黯风悽之北京教育界》，载 1919 年 5 月 13 日《晨报》，第二版。

[119] 《昨日教育界之消息》，载 1919 年 5 月 15 日《晨报》，第二版。

[120] 《蔡孑民之辞呈》，载 1919 年 5 月 17 日《晨报》，第二版。

[121] 《蔡元培果不来矣》，载 1919 年 5 月 28 日《晨报》，第三版。

[122] 《教育次长更迭经过情形》、《北大校长之候补者》，载 1919 年 6 月 6 日《晨报》，第二版。

[123] 《昨日北大全体教职员大会》、《北大学生亦反对胡仁源》，载 1919 年 6 月 8 日《晨报》，第三版。

[124] 《北大校长问题昨闻》，载 1919 年 6 月 16 日《晨报》，第二版。

[125] 《蔡孑民不来矣》，载 1919 年 6 月 23 日《晨报》，第二版；《蔡元培最近

之两电》，载 1919 年 7 月 11 日《晨报》，第三版。

[126] 《校长启事》，载 1919 年 7 月 23 日《北京大学日刊》，第一版。

[127] 《鄂省长致大学胡校长电》，载 1919 年 6 月 11 日《公言报》，第六版。

[128] 《学界诸君可以休矣》，载 1919 年 6 月 16 日《公言报》，第三版。

[129] 参见《关于北大校长问题之风说》，载 1919 年 7 月 16 日《晨报》，第二版；《破坏大学之阴谋败露》，载 1919 年 7 月 19 日《晨报》，第二版。这些人在北大秘密开会时被北大学生干事部率人围堵，俞忠奎等五人被抓，写下认罪书，承认受安福部指使。后被扣留的五人否认与安福部有关，向法庭控告鲁士毅等北大学生私自拘禁审讯，对方亦提出反诉。此案历经两个月的审理才结案，双方均有人被判拘役，用羁押期扣抵后实为当庭释放。另可参见《公言报》上相关报道：《昨日北京大学之怪剧》（7 月 18 日）、《北京大学之怪剧再志》（7 月 20 日）、《北京大学被辱学生之通电》（7 月 21 日）、《大学生互控及被拘之情形》（7 月 30 日）。

[130] 《蔡子民真患神经病耶》，载 1919 年 6 月 26 日《公言报》，第三版。

[131] 《蔡元培回京尚无确期》，载 1919 年 7 月 11 日《公言报》，第三版。

[132] 《孙同人等恢复北京大学工科请愿书》，载 1919 年 7 月 26 日《公言报》，第三版。蔡元培 1917 年就任北大校长后力主裁撤工科，并入北洋大学的工科，参见《北京大学改制之事实及理由》，载《新青年》3 卷 6 号（1917 年 8 月）。孙氏等五人此时要求恢复北大工科，明显是针对蔡元培而来。此前还有安福系众议员克希克图推出的《恢复民国元年大学学制意见书》，也是针对蔡氏在北大校长任上主导的改革，参见《非法议院想动摇大学》，载 1919 年 7 月 7 日《民国日报》，第二张第六版。胡适旋即发表《论大学学制》进行反驳（载 1919 年 7 月 9 日《民国日报》第二张第七版），傅斯年也撰长文驳斥（《安福部要破坏大学了》，载 1919 年 7 月 16 至 20 日《晨报》第六版）。

[133] 《安福部与北京大学》，载 1919 年 7 月 29 日《公言报》，第三版。

[134] 语出《息邪》之"胡适传"，1919 年 8 月 12 日《公言报》。

[135] 只眼《旧党的罪恶》，载《每周评论》11 号（1919 年 3 月 2 日），第三、四版。

[136] 包括《公言报》、《新申报》、《神州日报》、《顺天时报》、《大公报》、《申报》、《时报》、《时事新报》、《中华新报》、《晨报》、《国民公报》（北京）、《国民公报》（成都）、《每周评论》、《北京大学日刊》以及《新青年》、《新潮》、《东方杂志》。《徐子明先生传略》（《国史馆现藏民国人物传记史料汇编》第十五辑，第 290 页）中称《息邪》及《辟谬》由洪文印刷局出版，两书在笔者可见的图书馆中并无馆藏，暂无

法证实。一些民国时期的图书目录，如《民国时期总书目》（北京：书目文献出版社1995年版）、《民国时期出版书目汇编》（北京：国家图书馆出版社2010年版）、《哈佛大学哈佛燕京图书馆藏民国时期图书总目》（桂林：广西师范大学出版社2010年版）中亦未收录此二书。

[137]　"ma ks"中空格系原文如此。应指《辟谬与息邪》中提到的，《息邪》开篇将"Karl Marx"（马克思）写成"Karl Marks"。另外《息邪》中与Marx同时列举的"Kropotkin"（克鲁泡特金），也被误写为"Kroptin"。

[138]　"寸铁"，载1919年8月12日北京《国民公报》，第五版。

[139]　"寸铁"，载1919年8月19日北京《国民公报》，第六版。

[140]　《鲁迅全集》编者注中引用了《辟谬与息邪》中的表述，称思孟为北大辞退的徐某，未指明其真实姓名。参见《集外集拾遗补编》，《鲁迅全集》第八卷，北京：人民文学出版社2005年版，第112页。孙玉石、方锡德《锋锐的〈寸铁〉光辉永在——读新发现的鲁迅四篇佚文》一文讨论过这几段随笔，称徐某"不学无术，死保住京师大学堂那一套旧规程不放，顽固地反对北京大学的改革，因此被辞退了"，载《北京大学学报（哲学社会科学版）》1980年第3期，第4页。这一说法与真实情况不符，可见作者并不了解徐氏的来龙去脉。

[141]　《评议会、教授会联合会布告》，载1919年5月15日《北京大学日刊》，第二版。

[142]　孙伏园当时正在北大读书，并在北京《国民公报》担任编辑，1919年7月开办的寸铁栏目即由其主编。"异"出自林纾在《荆生》中为钱玄同杜撰的名字"金心异"。在"寸铁"诸作者中，钱玄同是唯一被《息邪》点过名的，对思孟的态度也最为尖刻。不过《息邪》中对钱玄同的评价尚属客气，对其经学造诣有所肯定，并称其"为人寡术，率性而行"，从中看不出钱氏实际上是反对传统文化最激烈的人之一，并曾导演了假扮"王敬轩"令旧文人充当靶子出丑的一幕（《文学革命之反响》，载1918年3月《新青年》4卷3号）。

[143]　"寸铁"，载1919年8月8日北京《国民公报》，第六版。

[144]　"寸铁"，载1919年8月14日北京《国民公报》，第六版。

[145]　"寸铁"，载1919年8月15日北京《国民公报》，第六版。

[146]　"寸铁"，载1919年8月16日北京《国民公报》，第六版。

[147]　《自写年谱》，《蔡元培全集》第十七卷，第479页。

[148]　《自写年谱》注268，《蔡元培全集》第十七卷，第504页。编者提及胡适曾指出思孟为北大辞退的"宜兴徐某"，但未说明徐某即徐仁镜。

[149]　参见《部令》，载 1918 年 11 月 5 日《北京大学日刊》，第一版；《夏学长告白》，载 1919 年 1 月 15 日《北京大学日刊》，第一版。胡适在 1922 年 7 月 3 日的日记中提到，夏元瑮当时离开北大有人事纠纷的因素，参见曹伯言整理《胡适日记全编》3，合肥：安徽教育出版社 2001 年版，第 715 页。

[150]　笔者未查到五四时期有攻击蔡元培的题为《燃犀录》的文章或书籍。1928年 4 月 22 日《京报》之《饮虹周刊》上发表了一篇影射蔡元培出任北大校长后新旧派人物之争的小说《燃犀》，参见胡适 1928 年 4 月 25 日致《京报》社，指出小说中诸多错误的信，《胡适书信集》上册，第 429—430 页。或许蔡元培的误记也与此节有关。

学问生涯

——1985 年哈斯金斯讲座

劳伦斯·斯通（Lawrence Stone）

吕大年 译

承蒙美国学术团体协会（ACLS）的邀请，担任哈斯金斯（Haskins）讲座第三年度的演讲，我的感受，诸位不难想象，是备受抬举。我发现，年度演讲人迄今共有三位，而其中依然在职，尚未名冠"荣休"的学者和教师，我是头一个。我因而有身获殊荣的感觉，或者说，我自以为如此。比较而言，我的资历名望还"嫩"一点儿，委员会何以要找这样一个人来作演讲？我不知道。然而，这个问题一经推想，我年齿未高而获邀请的得意之情就减退了不少。因为沃德主席告诉我，今晚的话题是"回顾和思考以学问为业的一生"。言外之意，想必是说我的学术生涯已经到头了。也许，我这辆车真的已经把油跑干了。

为了准备这次演讲，我要求看看此前的两位都说了什么。委员会给我寄来了第一年度梅纳德·麦克（Maynard Mack）教授的讲词，我越读越觉得心里没底。要想象他讲的那样，有智慧，有才情，有学问，有风趣，我不行，根本就做不到。再往后，我写

劳伦斯·斯通在工作台前，20 世纪 50 年代晚期。

完了初稿，又想起麦克教授在讲词里说，他曾经把初稿拿给夫人过目，得到的评价十分尖刻。麦克夫人说："最傻不过老来傻，你想怎么写就怎么写吧。不过你记着，照现在的样子，你的演讲比规定的时间至少超出了一小时十分钟。"这话尤其让我不安。我赶紧数了数自己的稿子，一共五十一页！麦克夫人的棒喝使我备受打击。我当时真想撂了这桩差事，写信跟沃德主席说我干不了，也不想干了。不过，我后来还是咬了咬牙，坐下去再写。结果就是我此下要讲的话。

我要讲述的，是五十几年来我的知识航程。它所通过的海洋，到处都是风暴、漩涡、暗礁。我想，一岁到八岁的这段时间，我们大可以略去不谈。只有坚信弗洛伊德学说的人才会对这段时间感兴趣。他们认为人格在这段时间里形成，而且一成不变，就像混凝土浇筑的一样，——性的混凝土。我在这几年

155

里的事情，唯一值得一提的，是开始疯狂地收藏。搜集保存的东西什么都有：邮票、蝴蝶、化石、烟画儿。这种幼年的收藏本能，尽管没有专注的目的，却显然跟我成年之后的追求有关系。作为学者，我在图书馆和档案故藏里广搜事实，不厌其多。我用这些事实支持我提出的假设，或者用它们来解释我的观点，使之自圆其说，收服人之效，——说得狂妄一点儿，就是证实我的观点。

我在八岁那年离开家，进入一所英国的私立学校，开始接受古典语言的训练，为期八年，其严酷繁重，好比在盐矿服劳役。这种体制当时叫做"自由教育"，莫名其妙。实际上，它是一种非常狭隘偏颇、不合情理的体制，由四百多年前伊拉斯谟和比维斯设计的课程嬗变演化而来。到了 20 世纪 30 年代，它的内容就是死记硬背两种久已死亡的语言的文法和词汇。其中拉丁文的发音，按当时英国的教法，无论是在古罗马还是在 20 世纪的任何一个国家，没人能听得懂。我的岳父是法国人，"二战"期间住过集中营。在集中营里，他发现自己可以用拉丁文跟匈牙利的贵族还有波兰的知识分子交谈。而我学的拉丁文，因为遵从的是所谓"旧式发音"，就不会有这种实际的用处。

能有一点儿用处的是拉丁文的语法规则，那可是吃了苦才学到的，犯了错误要挨打。往后，这些规则可能对改进我的英语文风起了一些作用。不过，就连这一点我都怀疑。因为受过我们那种训练的人，很容易迷上西塞罗式的庄严恢宏的文体，长句绵延，对仗工稳。吉本和切斯特菲尔德伯爵的文章我很佩服，但是他们那样的风格却不适合我。我的本性是喜欢自由随意。不妨就此打个比方：十二岁的时候，我一度被认为是很有前途的板球运动员，——很好的击球手。于是学校雇来了一位退休的职业板球队员，年岁很大了，很和善，但是毫无想象力，让他教我把球板拿正了。这位先生倒真是尽职，此后我的球板一直拿得很正，可是我再也没有打赢过一场比赛。我的那种自然天成，虽然绝不正规，但却非常有效的击球方式，被他成功地扼杀了。广而言之，关于如何施教，这件小小的不幸或许能提供一点儿借鉴，对我来说，这是悲剧，因为进入英国国家队曾经是我的梦想。

我学会的本事，是把一篇《泰晤士报》的社论，先从英文译成拉丁文的散文，再把它从拉丁文的散文译成拉丁文的诗，接着再把它从拉丁文的诗译成古希腊文的散文，最后再把它从古希腊文的散文译回成英文的散文。我得特别说明，从八岁到十六岁，学校教给我的，也就是这些。各位不难猜想，我学得不好。一是没天分，二是没有意愿。这种训练有什么意义，我当时不明白，现在也没看出来。再者，让我们念的那些拉丁文的书也都没什么意思。也许我缺乏高雅的趣味，维吉尔和李维，提不起我的兴趣。塔西佗讲述暴君统治下的宫廷政治，奥维德讲述男女间性爱的艺术，这样的书我们会读得很起劲，而且也能从中了解成年人的生活。可是，没人向我们介绍它们。

我想，我跟许多人一样，最后喜欢上学问，是由于很少几位有才华的老师的引导。我今天不细说我在英国的"公学"里的经历，——我就读的学校是查特豪斯，这个题目已经被各种小说和自传写得没有新意了。假设我当时有一点儿社会人类学的知识，或者懂一点儿关于极权主义的政治理论，那么对自己遇见的事情，我就会多一些理解。举例来说，我们在学校经历的，其实只是男性在进入青春期时所行的一种"礼"。类似的"礼"，世界上很多其他类型的，更加原始一些的社会也都有。不过在英国的"公学"里，它为期更长，内容涵盖更广：跟异性完全隔绝；不断地挨打，还得乐于接受，不能出声；各种有辱尊严的仪式；复杂的等级制度，以衣着的细微差别标志尊卑；伙食很坏；来自岁数大一点儿的男人的性的启蒙；还得学会说黑话，——我们学校的黑话是拉丁文的。我当时如果有这样的理解，日子会好过一些。

新校长罗伯特·伯利爵士（Sir Robert Birley）的干预使我脱离了古典语文的奴役，他以一人之力改变了我的命运。他把我转为由他亲自指导的学生，以一年半的强化教学使我通过公开考试赢得了牛津大学的历史奖学金。他教历史之所以成效卓著，是因为不论什么题目，他只要想讲，都可以讲得兴致勃勃。

伯利的卓著成效，还不只在于教了十八个月就让我取得了牛津的历史奖学金。考试一过，他再度了改变我的知识发展历程：立刻送我去巴黎住了六个月，让我领略另外一种欧洲文化风习。我第一次接触了（虽然不是在肉体上）人称巴黎高层知识界的这个独特的群体，还有"年鉴"学派的历史学家，当时的代表人物是布洛赫（Marc Bloch）和费弗尔。对法国知识界的风习，我始终心存敬佩，但又有所批评，这种态度深刻地影响了我的学术生涯，它起始于我的首次巴黎之行。

关于伯利爵士，我再多说几句。他是一个奇特的人，一方面是英国统治阶级的忠实成员，英国国教会的笃诚信徒；另一面又是为改革呼吁奔走的一个叛逆，一个眼光开阔辽远的理想主义者。1926 年，他还是伊顿公学的一个青年教师，就对当时的工人总罢工公开表示同情。他的这个立场，使得有些人一辈子也不宽恕他。他后来先后在查特豪斯和伊顿两所公学任校长，中间还在战后德国的英占区担任过教育顾问。再往后，他在约翰内斯堡的威特沃特斯兰德（Witwatersrand）大学担任教育学教授。他既保守，又激进，有些伊顿毕业的保守乡绅叫他"赤党罗伯特"。他教书，教人，都教得很好。"二战"以前他就反对纳粹，曾经花了好几个钟头跟我讲道理，让我明白自己当时萌生的绥靖主义倾向是不对的。战后他努力争取让新一代的德国自由主义者回到欧洲自由主义的阵营里来。再往后，在 20 世纪 60 年代，他为南非黑人的教育而斗争，亲自在索韦托教课。晚年，他尽了最大的努力，把人道和文明带进英国的野蛮的教育机构，伊顿和查特豪斯公学。

如果说，伯利爵士启发了我在学术上的兴趣，并且深刻地影响了我在道德和政治上的态度，那么第二个给我巨大影响的，是牛津的一位中古史的导师，名叫约翰·普雷斯特维奇（John Prestwich）。他当时属于——应该说现在也是，在牛津极为常见的一类人物，在国内声望极高，在国外却没有人知道，因为很少发表什么东西。我在他的指导下，作第三次十字军的专题研究。一开始，我在每周会面的时候把例行的研究报告读给他听，他听完就从头到尾，逐条地驳斥，过后我的报告就像是一摞废纸。我最后认定，唯一有望的自卫手段是靠资料来战胜他。他给我规定的读物，作者全都是基督徒，十字军的成员。我于是就去找穆斯林阿拉伯人的记录，还真找到不少法文的译本。从这些其名不扬、身份可疑的材料里，我找出一些鲜为人知的史实，把它们巧妙地加入到我每周的报告里，貌似不经意。结果，我至少让普雷斯特维奇感到了暂时的震撼。我一直也没能胜过他，每一回，我的观点最终还是要被他驳倒，但是即便这种小小的胜利也能增强我的自信。这次经历告诉我,在学术生涯里进行你死我活的格斗,多知多晓,——或者说是博学吧,十分重要。我发现知识就是力量。跟普雷斯特维奇治学的这段经历让我立志当一个历史学者,而且立志取证于档案材料。

作为历史学者,我在成长中所受到的第三次重大的影响来自托尼(R. H. Tawney)。大家都听说过托尼。他是基督教社会主义的信徒,是20世纪前半期英国劳工运动的精神领袖和幕后决策人,雄辩地呼吁人人平等,严厉地斥责不受节制的资本主义引起的弊端。他以自己的著作,把韦伯关于新教和资本主义之间的关系的观点向英语世界详加阐说。他还是一位了不起的历史学家,1540年到1640年间的英国史,因为他的研究成果而得名"托尼的世纪"。他为人圣洁,虽然有时不切实际。在我所见过的人里,真心地鄙视钱的,他是独一无二。对于钱,他是简单明了地厌恶,而且尽其人力所及,把钱排除在生活之外。他有一部关于16世纪英国圈地狂潮的专著,讲述资本主义地主的贪婪不仁和农民因之所受的摧残,激情洋溢;他还以同样的激情著书著文,揭露早期现代商人、企业家、放贷人的丑恶和枉法违规。他的这些著述影响了我,激励我去研究18世纪,写了自己的头两本书。

我在二战期间认识了托尼。之后每次休假,离开服役的军舰去伦敦,我都积极热切地追随他。我不过是牛津的一个本科生,一个水兵,学识浅薄,他却总是热情地欢迎我。当时他为了躲避轰炸,已经离开了自己的房子,搬进了布卢姆斯伯里地区的一个防空掩体。那地方脏得没法说,还漏雨,他周围杂乱堆放着书籍、文稿,还有几只猫和盛着剩饭的盘子。文稿里有工党关于在战后使英国变得更加平等的远景计划的草案,有关于17世纪早期英国社会史的笔记，还有他早先写下的一些关于中国农民的文字片段，残破不全，纸都发黄了，都堆在一起。我和托尼有过多次长谈。他谈论当时世界的状况以及匡正的方法，谈论17世纪的英国，身上裹着好几件外套，身边的气味景物令人丧失食欲。我小心翼翼地听。"小心翼翼"并不容易，因为随时都得留神，免得托尼把自己烧了。他用烟斗抽野草，塞得不紧实，点着了的长草梗子经常掉出来，落在外套或者裤子上，随时都可能着火。他的外套和裤子总是带着许多烧出来的黑洞。

我追随托尼，心有所得。首先是认识到，关于早期近代史，现存的文件很多，足以让我们了解当事人的思想感情。仅此一点，就使我放弃了中古史，转而研究早期近代史。其次，我还认识到，西方历史中的一切重大转变，在早期的近代英国几乎都有发生：封建经济转变为资本主义经济；天主教的独尊一统转变为基督教不同教派的并存，之后又产生了现世主义；清教徒的兴起和衰落；走向强大的民族国家的和平演变半途而废；西方历史上的首次暴力革命；首次建立大规模的、相对自由的政体，政治上分权，宗教上宽容，而且有权利法案；形成了由大地产家族统治的社会，同欧洲其他国家相比，这个统治阶层的特点是注重经商谋利，注重家长式的经营管理，对政治权力几近垄断。最后一点认识，跟得之于伯利的一样，那就是历史研究不仅关乎学术，也关乎是非。这种研究不应该，也不可能脱离我们对今天的世界的看法和主张。

对我的思想有重要影响的第四位老师汉考克爵士（Sir Keith Hancock）也是一个奇人。我是在战争刚刚结束时才认识他的。他的治学业绩和谈吐首次使我相信，用跨学科、跨文化的方法研究历史，其实是很有意思，很有道理的。有些知识，看起来迥然不相类，比如意大利托斯卡纳地区的土地制度，史末资将军在南非的所做所为，澳大利亚经济的发展，还有近代战争史。汉考克的著述和他本人都证明，集这些知识于一身，不仅可能，而且有效。

在青年时代结识这样四位了不起的人物，实在是我的幸运。作为当今最后一个辉格派的史学家，我在许多方面仍然是启蒙运动的产物，就像是依然存活的恐龙。我之所以如此，都是由于他们。他们的教诲，让我始终不渝地相信理性，相信人类在物质和道德两方面都可以取得一定的进步，相信统治者对于人民，其责任有如父兄之于子侄昆弟，相信法治，不相信人治。这种信念在今天形同估衣，色彩暗淡，襟袖褴褛，它是老派自由主义世界的残存。这个世界属于维多利亚时期的中产阶级专业人士，伯利和托尼都是那个阶级的后代。汉考克是澳大利亚人，然而久驻牛津万灵院，也深受那个阶级的风气熏染。

二战期间，我在英国海军服役，历时五年。每一个身历其境的人都知道，战争99.9%是无聊和艰苦，0.1%才是纯粹的恐怖。具体到我个人，艰苦的程度要轻多了，因为我住的不是统舱，是单间，——当然是跟别人合住，食品供应（尤其是烈性酒）既充足又准时。如果历史上真的有过正义合理的战争，那我以为非此莫属，这五年间，我脱离了学术生涯，但是并无遗憾。

说"脱离"也不尽然，因为在南大西洋上，我写出了第一篇史学论文，当时我是驱逐舰领航员。领航员的工作，我做得大概不是很好。坦白地说吧，我有两次把我们的船领得搁了浅。然而，我至少在船上开始了我的学术生涯。论文探讨的，是1588年击败西班牙无敌舰队的海战之后，英国政府给予参战水兵的可耻待遇。

题目跟我当时的自身经历有关，这一点显而易见，而更有意思的是我何从获取资料。供给我资料的，是颇有维多利亚盛世遗风的伦敦图书馆。整个战争期间，他们爽快地出借贵重而罕见的研究用书，毫无拖延地把它们投邮，寄往地球的各个遥远的角落。递送到达，常常是在读者索书之后的三到六个月。这家私立图书馆对英国人的学术生活贡献莫大，在战争年代尤其如此。

战争结束，适逢我在日本近海，归美国第七舰队代管。英国的官僚机构不知出于什么原因，规定以下三种人优先复原：煤矿工人，教会牧师，还有学生，于是我在刚刚停战的时候就从太平洋飞回了英国。飞机的驾驶员曾经五十次出勤德国上空，精神和体力极度疲惫，手不断地发抖。这次飞行是我战争期间最危险的经历之一，但是它让我在1945年11月初就回到了牛津，赶上了下一学年的注册，因而可以参加大考，在次年六月以学士毕业。我加付了五英镑，又同时获得了硕士学位。这样一来，我的学士只当了十分钟，也就是把袍子和帽子换成硕士的那一点时间。此事我以为或许堪入记录。什么都没干，就用现金从一所著名大学买到了一个学位的人，如今在世的可能已经没有几个了，我就是其中之一。

之后，我并没有再接再厉，写一篇博士论文。当年从牛津、剑桥毕业的学生很看不上博士学位，认为它不过是学术界里的俗套子，一种只有外国人才干的事情，比如德国人、法国人，还有美国人。我申请了一笔研究经费，就开始写书，一个人单干，一点儿也没意识到自己有多傻。这当然是严重的失误，因为我当时非常地需要有人从旁严格监督，详加指导，而这些只有正式的导师才能提供。结果，我只能以自己的错误为师，我犯的错误还真不少。

我写的是一本传记，传主是 16 世纪后期的人。他既做生意，又向各国的政府放债，既做间谍，又充当外交官招募雇佣军。棉麻呢料染色必需的原料明矾，被他垄断了在全世界的买卖。他是一个事事插手（通常不是好事）的商界大亨。这个怪物起先是意大利热那亚的一个商业大家族的成员，后来落户在英国的剑桥郡做了乡绅，娶了一个富有的荷兰女人，还被伊丽莎白女王封了爵士。就是这么一个世情练达，优雅有礼，见利忘义，全无是非的流氓，写到最后，我发现自己居然挺喜欢他。当然，在传记里我还是一本初衷，说明早期国际金融资本主义的阴暗面。传记名为《霍雷肖·帕拉维奇诺爵士》（*An Elizabethan: Sir Horatio Palavicino*）。

我的下一项研究，是受了托尼的启发。他写过几篇文章，论述英国内战之前的一百年间乡绅势力的蓬勃发展，颇有创见。他的观点，如果去掉其中的马克思主义关于资产阶级崛起的概念，还有一些靠不住的统计数据，现在看来大体不错。而我在这个问题上的最初尝试却是一场灾难。我发表了一篇文章，宣称伊丽莎白时代后期的贵族，财政状况大都不妙，岌岌可危。不幸的是，我对数据资料的处理很不得当。最先指点这些资料，要我留心的，是我在牛津的导师休·特雷弗—罗珀（Hugh Trevor-Roper）。但是他没有说明，历来对这些资料的解释含有根本性的错误。我的过失给了他可乘之机，他写了一篇批判挖苦我的文章。搜集学术恐怖主义掌故的人，至今奉之为典范。吃此一堑，我获得了一个痛苦的教训：凡是公诸于众的记录，从中取证之前，一定要弄清楚，这宗记录当初为何设置保存，又如何设置保存，还要弄清楚，这宗记录对于负责簿记的文书意义何在。

"我决定清算斯通（Stone）"，雄心勃勃的年轻历史学家罗珀在其皮克瓦特四方院的房间里，约1950年。

在讲述我如何应对这次失败之前，必须停下来说说一件别致的调剂头脑的工作：1946年我还着手写一本关于中世纪英国雕塑的大型课本，课本属于尼古劳斯·佩夫斯纳（Nikolaus Pevsner）爵士主编的古典艺术史系列。像我这样的闯入艺术史的专业领域，实属不揣，其前后过程可以说是英国风范的典型：刚才说过，我热衷于收藏，无所不收。十七八岁的时候，这种狂热驱使我积攒英国的罗马式雕塑的照片。当时我有一辆汽车，花三英镑买的，还有一架柯达简易相机，花五先令买的，不过镜头极好，近乎奇迹。凭着这些装备，我在1936年到1939年之间的假期里漫游乡间，为英国教堂的罗马式雕塑拍照。1938年，我跟大英博物馆的托马斯·肯德里克（Thomas Kendrick）爵士取得联系。他

165

当时正在做盎格鲁－撒克逊雕塑的全国普查。我不过是一个高中生，后来是大学一年级。他却以他惯有的慷慨让我加入他的摄影队，参与了 1938 年和 1939 年两个暑期的野外工作。

时至战后，1946 年初，肯德里克受到尼古劳斯·佩夫斯纳的邀请，撰写"鹈鹕丛书"艺术史系列中的《英国中世纪雕塑》分册。他没有答应，原因可能是他已经有望成为大英博物馆的馆长，——不久他果然就任。肯德里克远不是一个小心慎重的人，佩夫斯纳问他谁可以替代他写书，他就说是我。当时的我是牛津的本科生，学的是历史，艺术史的课程从未修过一门，艺术史的文字从未写过一行，而且在海军服役五年，甫尔归来。佩夫斯纳的师承，是艺术史专业的德国传统。肯德里克的建议当然让他大为惊骇。但是他又感到，他只能跟我签约。见面的时候他告诉我原因："肯德里克不干，而且看起来全国也没有其他的人对这个题目有一丁点儿兴趣。肯德里克说我应该跟你签约。我本人根本信不过你，因为你没有任何这方面的背景。但是我又别无选择。你尽快写出一章来给我看看。"语带威压，就此结束了面谈，然而几天之后，我很愉快地签了约。以我这样一个刚从海军退役的本科生，既无知，又不曾好好上学，单凭业余爱好是否能够做成这件事，我心里也没有把握，和佩夫斯纳一样。只有在像英国这样的社会里，这段离奇的插曲才可能发生，因为在当时，一度鼎盛于 18 世纪的那种爱好广泛、却又无所专精的绅士文化依然根深蒂固。这段插曲之所以可能发生，还在于当时的社会依然像 18 世纪那样，办事依靠恩惠关系的网络。在这个关系网络中，一群人数不多，但地位稳固的精英把差事、好处分配给他们的依附者和门生故旧。

二战结束已经是很久以前的事情，在继续讲述我的自己的故事之前，还应该说说那个时候牛津大学里的学术氛围。以教学方式和为毕业考试而规定的必修课程而言，当时的牛津近代史（相对于古代史）学科，和19世纪末年成立的时候相比，没有什么改变。课程的设置沉闷窒息，既反映了英国人的岛国心态，也反映了维多利亚时代后期公认的正宗史学的狭隘范畴。名列甲等的毕业生，不仅完全可能，而且多数确实没有学过欧洲之外任何大陆的历史，除了英国，对其他国家（包括苏格兰，甚或爱尔兰）的历史都只有极少的知识。对社会史、经济史、人口史、文化史、艺术史、思想史、教育史、家庭史毫无所知或所知甚少，从来没有接触过量化方法，没有接触过劳工阶级的历史，在学生中不是什么新鲜事。历史学科的人不知道各门社会科学，知道的也是在礼貌客气中隐含轻视。但是，另一方面，在富有才华、勤谨敬业的导师的监督之下，牛津的本科教育有几点无人可比：一是养成快捷清晰的文笔；二是鼓励对证据详加分析；三是让学生思路开放，接受对单一或复杂事件的不同的解释。我能有这样一番不同寻常的经历，幸运之至。

　　二战结束后，英国曾有过一段无限乐观、无限自信的时光。如今帝国即成以往，幻想破灭，万事萧条，英国在纯学术以外的几乎所有领域都只能算是一个三流国家，当年的乐观和自信几乎被人遗忘，更难被人理解。我们这些1945年从战场归来的年轻人，自以为拥有整个世界，以为一切学术上的问题都可以解决，那些为害人类的问题更不在话下。我们如此的相信未来，或许是由于战争期间和美国盟军关系紧密，多少受了他们的感染。无论是否如此，当时的核物理学家、牛津的哲学家、社会史学者、凯

167

恩斯派的经济学家，以至于政治家，都是这样的乐观。我清楚地记得和彼得·斯特劳森的一次餐叙，他现在是牛津最杰出的哲学家之一，那次他说到自己的恐慌，怕身值壮年的时候无事可做，因为照当时的学术形势看，到那个时候就没有什么重大的哲学问题需要解答了。在史学领域，我和其他一些人对一种崭新的方法也抱有同样狂妄的信念。我们诚心归向巴黎的《年鉴》派史学，确信凭藉社会史和经济史的量化研究，不久就能攻克史学里最顽固的种种难题。前辈史学家缕数政治事件那种叙述，我们戏称之为"历史故事"，不屑一顾。我们以为，用我们新的工具和新的方法，早晚可以解决诸如英国革命和法国革命的由来、资本主义的根源、资产阶级的兴起等等迄未解决的问题。作为一个激进的史学家，活在 1945 年是天赐之福。《年鉴》和《经济史评论》的每一期，我们都是翘首以待，好像每一期里都会有一篇文章为探索和解释历史展示新的前景。我之所以着重回顾当年的那种自信与狂热的气氛，是出于今昔的强烈对比。在当下的 1985 年，人文学科所有分支的通病，是对于真理和真实的根本存在以及认知它们的途径缺乏自信，不敢肯定，小心翼翼，充满狐疑。

20 世纪 40 年代后期大家对于新的社会史的种种可能乐观其成，这使我感到振奋；另一方面，特雷弗—罗珀诋毁我的学术信誉，我也因之备受刺激，我于是决定开始一项大规模的研究。研究的对象是英国的贵族，涉及的方面包括他们的种种经济来源及其经营管理，他们的社会地位和政治、军事实力，他们品藻各色事物人等的价值标准，他们的生活习惯、教育、家庭结构，时段是英国革命爆发前的一百年。我初始的设想，是把那个时期的英国贵族当做整个统治阶级的缩影。这个统治阶级力不胜任、不识大体、颓废没落，眼看要被新兴的资产阶级代替。十五年的小心研究让我认识到，这个过于简化的模式不符合事实。我以之为起点的马克思主义对英国贵族在革命中的作用所作的解释，在实证的碰撞之下破碎了。

进退两难之际，马克斯·韦伯为我指明了出路，他的理论我知之恨晚。韦伯的著作，虽然它们的英文版姗姗迟来，译文不过勉强达意，给予我的影响可能超过任何一个别的学者的著作。从20年代50年代中期直至今天，他对阶级和社会地位的巧妙区分、对观念和意识形态与社会、政治现实之间的关联的严密关注，一直指导、激励着我的思考和研究。

但是，无论是马克思还是韦伯的影响，都不能解释我为什么选择把学术生命大半用来研究占统治地位的上层社会的行为、习性、思想，而非大众的行为、习性、思想。我之所以集中研究这样一个少数群体，理由之一，在于唯独他们的生活、思想、感情有翔实的记录，可以开展全面、深入的社会方面和心理方面的调查。他们之间的书信往来不断，相互议论的文字不断，而且保存自己写下的文字，以此而言，当时真正"能文"的，仅此一小撮人。谁要是想探索发现怪异或者真实的性格、爱恶欲的私密细节、钱财上的投机不轨、争夺权力和地位的阴谋诡计，他就无可避免地要集中关注上层社会，因为在过低的社会阶层里，关于个人生活的证据太少了。虽然我的研究十分倚重量化证据，——我的书里大都含有数据图表，我首要的关注一直是人，有如马克·布洛赫的名言："人是我的猎物。"在以人为目标的追寻和探索中，我无可避免地被引向了上层社会。

专注研究上层社会的另一个理由，是曾经有好几百年，英国的政治统治者，高雅文化的赞助人和主要消费者，都出自这一群人。一个英国人，不用去读帕累托的著作，就比任何西方国家的居民更加清楚上层社会的举足轻重的地位。他从很小的时候起，就明确地意识到他身处的社会是分为阶层的。繁复的阶层之分，其表面特征即便在今天仍然时时可见：口音、词汇、衣着、饮食作派、甚至身高和体型。在数百年的历史里，英国的大地产家族在很大程度上垄断了所谓"韦伯三大要素"：财富、地位、权力。出于上述两个原因，我以一生大部分的时间追寻他们在档案里留下的踪迹。

事有凑巧，英国贵族的私家档案，由于主人的财政拮据，在20世纪40年代后期首次对外开放，我深入调查，算是选对了时候。或在档案室，或在酒窖，或在阁楼，翻检阅读此前无人查看过的大批文件，令人兴奋得头晕目眩，我在十五年间得享此乐。每一处的私家档案，首经触目之时最像是看戏，它们各有各的品相，可以是整齐之至，也可以是杂乱之至。在一家大宅邸里，已故的公爵曾尽其一生的精力，为他所搜集的繁浩的家族文档分类编目。据说，他临终的时候叫人把他抬到档案室里，安置于写字台上，这样他可以死在心爱的文档中间。他的儿子是一个花花公子，忙于追逐姑娘，无心回复学者们再三再四的来信。纯属偶然，他的上了年纪的老保姆接听了我的电话。她文雅礼貌地同意了我的要求，让我接触档案。这处档案放满了好几个房间，内容令人称奇，目次井然也令人称奇。我相信，公爵的尸身被移走之后，我是头一个在那张桌子边上坐下来的人。

在另一家大宅邸里，我曾在隆冬时节蜷缩在一间冰冷的长厅的尽头，大衣之外又裹了几层被单，抄写不停。长厅的另一头闪烁着一小炉煤火，两个上了年纪的仆人坐在火边，悠闲地擦拭着一副 17 世纪的铠甲，以备夏天的游客观赏，同时没完没了、居心不良地闲话他们的男女主人。我逢到手指冻僵，握笔不住的时候，就过去跟他们一起在火边待一会儿。这种情景恍若是在 17 世纪。

还有一家宅邸，在我造访的三十年前曾经失火，烧空了房屋。档案室里的收藏获救，之后被统统塞进了当时马厩上层的一间屋子。马厩后来改作了车库。主人领着我，侧身蹭过他那辆罗尔斯—罗伊斯的宽大车身，爬上吱吱作响的楼梯，在生了锈的门锁里拧动钥匙，然后推门，门不动，用力再推，开了一点儿，展现出一片文件的海洋，纸和羊皮纸的写件堆满了地板，高处可达三英尺，低处也有一英尺。要想进入，只能从纸堆上踩过去。我尽量放轻了步伐往前走，从 13 世纪到 19 世纪各个年代的火漆印封噼噼啪啪地在我的脚下破碎。我为此感到一生少有的愧窘。后来，由我从中作成，这宗重要的档案转交地方档案馆保存，并且分类编目，我的内疚这才稍获减轻。

有的时候，档案的主人会邀我共进午餐。其间的经历几乎是千篇一律：餐厅的装潢赏心悦目，壁悬名画价值百万；酒是极品好酒；饭菜却做得极差，差到难以下咽；管家衣着邋遢，服务极不靠谱，有的管家还是醉醺醺的。我在写作《贵族的危机》期间，学问生涯的甘苦即如上述。

在 20 世纪 50 年代后期，我的兴趣范围增广。这先是由于知道了韦伯的学说，之后又受到其他两件事的影响。一件是我在 1958 年加入了《过去与现在》（*Past and Present*）的编委会。以我的偏见，全世界的史学期刊有两家最好，这就是其中之一（另一家是《经济、社会与文明年鉴》[*Annales: Economies, sociétés, civilisations*])。当时的编委一半是马克思主义者（很多是长年的共产党员，新近因为苏联入侵匈牙利退党），一半是像我这样的自由主义者，两边人数相当。然而，尽管编委会活动频仍，争论不断，在我的记忆里，马克思主义和自由主义之间思想意识的对立却没有一次没有成为分歧的界限。这件英国思想史上的小小故实，我虽然无从解释，但以为堪入载籍。

对我的学术生涯产生了重大影响的另一件事，是 1963 年离开牛津到普林斯顿就职。除却婚姻，这是我此生所做的最明智的事情。促成的动力有推有挽。就推斥力而言，牛津的历史学科以英国的政治、宪政为中心，自筑藩篱，不可逾越，让我感到厌倦。同时让我厌倦的，是作为导师，要花费很多时间跟学生见面，单调乏味，重不堪负。就吸引力而言，此前两年，我曾经访问普林斯顿的高等研究院，期间看到那里思想开放，接纳来自世界各地的新观念、新学科、新领域。在普林斯顿，我有两个新的发现：一是新的史学，再就是美国（之前我对美国的历史一无所知）、近东、东亚。这个全新的世界观催生的最早成果之一，是我和我的同事、朋友马利乌斯·詹森（Marius Jansen）合作的论文，比较英国和日本的教育和近代化过程。

在 20 世纪 60 年代，另一个新的学术领域曾经有好几年极大地影响了我对历史进程的解释，——美国政治理论家就与"近代化"和革命相关的问题所作的研究。如今回首反顾，我觉得，自己当年热心于他们构建模型的方法，恐怕是过分了一点儿。但是他们至少提供了两个极有价值的工具，我以之攻坚克难，完成并于 1972 年出版了《英国革命的缘由》。一个工具是略偏主观，但是用处极大的成因分类：把诸如英国革命这样的爆发于一旦的事件归因于长期、中期、短期的缘由。另一个工具是"相对剥夺感"的概念。这个概念让我不再错误地认为，已经观察到的群体行为和这个群体的实际生活条件有必然的联系。但是，在描述英国革命的缘由的时候，我滥用诸如"先决条件"、"催化因素"、"导火索"、"多重功能障碍"、"J型曲线"等等词语，陷入了一个专业术语的小泥潭。这些术语和相对剥夺感的理论让我在英国的批评者感到恼火。我对来自大西洋彼岸的社会科学的新潮观念、术语的热情，被他们当作讽刺的题材，以之取乐。如果我今天写这本书，使用术语的时候会多加小心。

当时正在美国开展的、以电脑为工具的量化历史研究，其处理数据规模之大、涵盖范围之广，是我在普林斯顿的另一重大发现。心怀这个美妙的新世界所激发的热情，我构想了一个计划，继而获得了资助，付诸实行。这是一次大规模的统计，针对英国社会的上层，取样时段从16世纪到19世纪，旨在调查这个阶层成员的社会流动性。指导研究人员、为史料编码、跟电脑程序员沟通、把一摞又一摞浅绿色打印纸上的数据汇编成表格，这些事情幸亏有我的妻子照料，她为这个计划工作了十五年。我则是中道而辍，原因下面再说，这个项工作的结果是去年才出版的《开放的上层？1540—1880年英国社会研究》。

我来到普林斯顿，所看到新鲜事儿还不只是政治学理论和电脑量化研究。当时影响了我的思想变化的还有社会学家默顿（R. K. Merton）的著作，我由之学到的东西之一，是中等范围的概括。我以为，用亚里士多德的中庸之道来界定所要解决的问题，一方面可以避免包罗万象、笼统不实的空头理论；另一方面也可

173

以避免像眼下许多青年学者那样，把实证研究局限在极窄的领域里，务求确凿，所得的结果除了一两个同行的专家，跟任何人都没有关系。

我和伊文斯－普里查德（Evans-Pritchard）虽然在牛津是同事，然而我第一次发现这位优秀的人类学家所做的研究却是在来到普林斯顿以后。再后来，我受到新派的符号人类学诸位学者的影响，其中最为突出、研究做得最为漂亮的是我的朋友克利福德·格尔茨（Clifford Geertz）。人类学家对史学家尤为重要的贡献，一是在于提醒我们"细节描述"的作用之大，也就是说，一些动作、事件、符号、姿态、语言或者行为的模式，貌似琐碎而不足道，但是，内行人细心观察，却可以用它们揭示出完整的思想体系；二是在于让我们留心血缘关系、家族谱系、群落的结构。这些事情，如果没有人类学家的指引，史学家往往不知其意义何在。

对家庭和性关系的历史的兴趣无可避免地把我引向了心理学。我觉得弗洛伊德学说的用处不大。这一方面是由于他的价值标准局限于 19 世纪末期的中欧，不能用来说明再早的事情；另一方面是由于他认为，人格在生命的头几个月或者头几年就差不多固定了，这种思想模式从根本上说是不顾历史环境的。一个专业史学家，如果关注人的天性和后天养育之间、内在的驱动力和与之抗衡的文化影响之间的持续互动，那么用处大得多的是由埃里克·埃里克森（Erik Erikson）或者杰罗姆·卡甘（Jerome Kagan）等等比较晚近的自我心理学家逐渐发展出来的个人发育成长模型。当然，弗洛伊德在《文明及其不满》（*Civilization and Its Discontents*）里承认文化对人格的塑成作用，但是他的看法是否定和悲观的。

在总结我的学问生涯之前，我得说明自己为什么中断了对英国上层的社会流动性的研究，而以五年时间写了一本大书《1500—1800 年英格兰的家庭、性与婚姻》（*Family, Sex and Marriage in England 1500—1800*）。这本书几乎完全取证于不含量化数据的印刷文献，作者大都属于社会上层。它既重视人们情感的发展演化，也重视家庭和两性关系结构的发展演化。写作的过程是这样的：1973 年我因为轻度心绞痛住院六个星期，摒绝来宾、电话，以及一切跟外界的接触，之前我一直在修改一篇关于家庭史的讲稿。在医院里，我感觉良好，每天八小时睡眠，此外就是大块的时间可以用来阅读，无人干扰。每天十六小时，整整四十二天。如果我没算错，——有人认为我的算术不好，我有六百七十二小时的阅读时间。于是我向妻子交代：大学图书馆库藏的所有英国家信、自传、家训、日记等等，凡属 16、17、18 世纪的，一应搬来，放置床头，外带足够的纸张。如此装备齐全，我阅读，阅读，再阅读。六个星期之后出院，写书用的材料差不多已经攒足了。这就是中场休息的开始，五年以后，也就是1977 年，我才又回头从事量化数据的社会流动性研究。

我对巴黎《年鉴》派史学家的敬佩（一直都是有节制的）从未动摇过，无论是在牛津还是在普林斯顿。然而时代和人的心态是推移变化的，今天我仍然保持着对《年鉴》群体的敬佩，认为他们是世界上最具才华、最能创造开新、最有影响力的史学家。但是，对于他们的基本原则和方法，我已经渐生异同。这些看法见于我的恶名昭彰的论文《叙述的复兴》，发表于1979 年。我以为，他们常用的方法论上的界划，——把静态的"结构"

175

（structure）区别于动态的"组合"（conjuncture），未必总是最佳的手段。我更加不能接受他们关于历史成因的三层模型，——经济和人口是基础，社会结构是中间层，然后是由前二者生成的上层建筑，诸如意识形态、宗教、政治信仰、心态。这个像婚礼蛋糕一样的分析模型，其前提是物质因素的作用大于文化因素。这一点我不赞成。这个模型还认为，三层成因之间上下有序、主从分明，否认它们的关系可能是一种持续而有力的互动状态，而韦伯已经很清楚地指明了这种可能性。

我和"年鉴"学派的最后一点分歧，在于他们热切地搜集关于物质世界的量化资料，其背后是强烈的唯物主义实证论。这种理念，即便是在"二战"刚刚结束的那几年，我也不能全盘接受。举例来说，学派最著名的创新著作，布罗代尔的《菲利普二世时期的地中海世界》，几乎没有提到宗教，不论是基督教还是伊斯兰教。

我在 1979 年发表的那篇关于重新重视叙述的文章，意图坦白无隐，就是要如实申说我所看到的史学专业在当时的趋向，绝对不是要为将来指路。文章的主旨是把当时史学里的一股复归的潜流公之于众。复归的去向，我在文章里宽泛地定义为"叙述"，如今想来，这么说是起了误导的作用。很多方面的人以为这篇文章是要发起一场反对量化的社会科学和分析史学的运动。激于义愤的卫道之士，为了保护他们的专业地盘和项目经费，在几乎所有史学期刊上发表文章，指责我背叛了一度效忠的伟大事业。老友罗伯特·福格尔（Robert Fogel）作为社会科学历史学会的主席，悲痛大于怨恨，在大会发言中庄严地宣告，我不再是组织的人了。在有些地方，我因为这篇文章立刻变成了贱民。然而没用几年功夫，我相信，我的预言已经完全应验了。现在，除了在经济史领域里仍然占统治地位，计量史学已经处于弱势。更加具有人文色彩的、更加重视叙述的治史方法越显繁荣，专治单一人物或单一事件的微观历史日见风行，政治史正在复苏，——新型的、牢固地和社会研究、思想文化研究交织在一起的政治史。就连思想史也发生了惊人的再生变化，不再是枯燥的"观念承传史"，像捉兔子游戏一样，归宿不是柏拉图就是亚里士多德。

我一切的工作都建立在两个关于历史进程的基本假设之上。一：重大事件必有重大原因，绝不仅是区区细节所致。二：凡是重大事件，其原因必有多重。这个因果观有欠纯粹，曾经招致批评。我尊重很多学者的判断，他们用"购物清单"来形容为解释任何已知现象而汇总到一起的多种原因。也就是说，这种方法不加斟酌地列举一大长串类别和重要性都相差很远的变量。此话不假。但是我可以用韦伯曾经用过的理由来为这种方法辩护：被汇总到一起的诸多原因，只要它们相互之间构成一种有选择的亲密关系，只要它们不是偶然碰到一起，而是有一种逻辑关系使它们具有同一的指向，并且使它们相互支持，那么它们就具有说服力。尽管有人不以为然，我还是坚持采用多种原因相互促进的反馈模型，而不采用把原因按照轻重大小线性排列的等级模型。不过，我承认，有的时候我没有说明，所谓的"有选择的亲密关系"在实例中是如何起作用的。

回顾我的知识历程，明显特出的一点是我从来不在任何地方久留。历史学家大都是挑选一个比较窄的领域作为自己的专业，在同一块园地里耕种培植，终其一生，勤谨关爱有加无已。这样做的好处，是成为那一小块地界里的世界级专家，用与年俱增的知识、专长、经验构筑起一套学术系统。我则是刻意选择了另外一条道路，在历史的原野上漫游，罕见的随意，尽管就文化而言，我的研究大多局限于英国，就阶级而言，局限于大地产家族。我的学术漫游首先是时间上的远涉，从中世纪直到19世纪。第二是研究专题的变换，从传记到社会史，再到教育史，再到家庭史。第三，我从很年青的时候起就意识到，得自历史的智慧受时间的局限，因而一直不停地寻求比以往更加适用的理论、概念、手段、模型，在方法论方面也是一直不停地寻求借鉴，从马克思到韦伯，再到到一些现代的美国社会科学家：先是社会学家，继而是政治学理论家，再后来是人类学家。

像这样从一个世纪漂到另一个世纪，从一个专题跳到另一个专题，并且借用不同的方法，自有其无可避免的危险和缺陷。首先，这样做意味着工作的速度很快，快就会导致错误，通常是小错，但有时也会是严重的错误。第二，我对任何一个专题、任何一个世纪、英国的任何一个地区的学识，其透彻的程度都比不上在相应的领域里终生耕作的学者。第三，我想对繁复多端的问题加以规范，使之呈现条理，比如英国革命的诸多原因，或者家庭的演变，这样做就难免过分地依赖图形、表格，难免概括失当，需要再加调整。然而话说回来，在历史和其他任何的学科里，没有不需要再加调整的概括。第四，我的专门知识主要集中在处于社会金字塔顶端的贵族，因而对于下层各阶级的行为所下的论断有时过于轻率，有欠调查。学术界的许多更为严谨的评论家，因为我有上述的缺陷，每收到一本我的新著就会本能地拿起笔来，写道："这是斯通惯常的故伎"。但是，从另一角度看，我也不曾受到下述学说的危害：帕森斯的功能主义社会学，法国的结构主

178

义，还有语言学的解构主义，——但愿"免受其害"的说法不为过分，原因在于我一方面全然弄不懂这些学说的意思，另一方面又直觉地以为它们过分地简化问题，必定不对。

我一直关注公共事务，这对我的学术生活产生了两种影响。首先，我尽力接近更多更广的受众，避免关在学术的象牙塔里。具体的做法是在全国性的期刊上就各种各样的书籍发表意见，经常是批评性的。这样做当然有很高的风险，通常是要付出代价的，因为吃了我的批评的人早晚要抨击我的著作，以求报复。此外的另一个做法，是把业已精装出版的大型学术著作加以删节缩编，用廉价的纸皮版再行面市，让普通的读者能够看到我的书。

关注学问天地之外的世界，所产生的另一种影响更加深刻久远。对这种影响，我在它作用的当时惘然不觉，但是过后思量，却清楚地意识到：我对以往的人和事的史学兴趣，其变化往往是对当前生活中的事件和价值标准的反应。我的第一篇论文的内容是伊丽莎白时代海军水手的生活，1942 年在驱逐舰上写成，地点是南大西洋。我的第二项史学研究是一个奸诈的国际金融家的传记，大部分写成于英国战后第一届工党政府的早期，当时人们的社会主义热情高涨。第三项，关于 16 世纪后期和 17 世纪早期贵族的研究，调查期间正值英国贵族面临全面的财政危机，大量的乡间宅邸被弃置不管，任其衰朽。我的关于大学教师和学生的研究开始于 20 世纪 60 年代。高等教育在英国曾经几度蓬勃发展，被人们极度看好，20 世纪 60 年代就是这样的一个时期。当时让我着迷的，是何以英国在 1560 年至 1680 年之间出现过类似的教育繁荣。经过了 1968 年至 1970 年之间的学生骚乱，在激动人心的兴盛和富裕突然终结之后，我对教育史的兴趣延续不断，但是心情要比以前悲观。我转而集中关注，在1680年至1770年之间，文法学校、大学、法学院的学生人数急剧下降，原因何在？我的研究家庭、性、婚姻的著作，构思、写作是在20世纪70年代。在那个时期，离婚率陡升，婚内怀孕率陡降，性关系较之以往大为混乱。由于妇女解放运动和已婚妇女在劳动力中所占比例的急剧升高，男人和女人各自在生活中的职能和地位也发生了变化。这些原因使得家庭、性、婚姻成为当时人们迫切关心的问题。

我写《开放的上层》的时候，英国大地产家族的消失，以及这些家族在英国的强盛和衰败中所起的作用正引起公众的兴趣，兴趣之高可见于两件作品的空前火爆，一件是根据伊夫林·沃的小说拍摄的电视剧《旧地重游》，另一件是马克·吉鲁亚德（Mark Girouard）的著作《英国乡间富豪宅邸》（*The English Country House*）。这项研究开始的时候，公众认为住在这些豪宅里的贵族正在经受垂死的煎熬，批评家则认为，英国在当时的衰落，病因在于维多利亚时代的企业家的第二代仿效大地产贵族世家的闲在生活，仿效他们凡事玩票，不求专精的价值标准。

尽管我茫然不觉，但是发生在眼前的事情好像总是在激励我回望过去，探问历史上曾否有过类似的潮流或者问题，当年的人们又是如何对待。如此写成的历史好还是不好，我不知道。但是，如此胸怀当今，放眼过去，有一个严重的危险：那就是用来看待过去的，不是当时的标准，而是后来的立场和眼光。如果写史的人念念不忘的事情，是证明我们如何由彼过渡到此，那就很可能犯辉格派史学的目的论错误，曲解曲用史料。然而，话说回来，解释当今，是对历史感兴趣的主要理由。预防目的论式的曲解曲用，首要的原则，是牢记过去的人跟我们不同，而研究和解释这个不同，永属必要。进一步的预防原则，是时刻不忘历史中的偶然因素，也就是说，要意识到在任何时候都有另外的可能，它们是可能成真的事情，仅仅是没有成真而已。简而言之，就是记住"克列奥帕特拉的鼻子"的理论。

我在学术海洋中的奥德赛航程，有成有败，到此暂时告停。我在航程中曾经受到女妖、恶龙、海蛇的攻击，曾经误辨方向，至少一次险遭灭顶。我虽然脱险并且继续前行，却还没有看到伊萨卡。但是，我希望，我的航程尚未终结。

（选自 Douglas Greenberg、Stanley N. Katz 编，*The Life of Learning*，New York：Oxford University Press，1994）

周运

哲学：

《海德格尔在美国》（*Heidegger in America*，Martin V. Woessner，Cambridge UP，2011），本书写海德格尔在美国的接受史及其思想遗产。美国比较早接触海德格尔学说的是格林（Marjorie Grene）、西德尼·胡克、法伯（Marvin Farber）等人，而纳粹上台后，海德格尔的大批弟子流亡美国，如汉娜·阿伦特、利奥·施特劳斯、卡尔·洛维特、赫伯特·马尔库塞、汉斯·约纳斯、克利斯泰勒（Paul Oskar Kristeller）、安德斯（Guenther Anders，阿伦特第一任丈夫）、洛瓦尔德（Hans Loewald）等人。他们为海德格尔思想在美国的传播奠定了重要基础。二战后格雷（Jesse Glenn Gray）着力向美国介绍海德格尔思想。而卡尔纳普，以及海德格尔的学生马尔库塞、安德斯等人也转向对海德格尔思想的批判。其实较早与海德格尔进行思想论战的是卡西尔，1929 年达沃斯论战，就是他们思想的直接交锋。当时观察者把这一幕和托马斯·曼小说《魔山》里一个人文主义者和一个耶稣会士的对决相比。

斯基德尔斯基（Edward Skidelsky）在《卡西尔：最后的文化哲学家》（*Ernst Cassirer: The Last Philosopher of Culture*，Princeton UP，2008）一书里说，达沃斯论战，一面是作为康德和歌德继承人的卡西尔，博学儒雅，彬彬有礼；一面是海德格尔，一个乏味的神学生，阴郁而热心。列维纳斯回忆说：作为一个年轻学生，他对此印象深刻，因为其见证了世界的创造与毁灭。而四年后，海德格尔投入纳粹怀抱，卡西尔则被迫流亡。

其实二人不止对立那么简单，还有很多联系与交往。"他们彼此从对方窃取观点，并将其转化成自己的哲学风格。"1925 年，《德国文献报》送给海德格尔一册卡西尔《符号形式哲学》第二卷，当时海德格尔正在写作《存在与时间》。他受卡西尔影响了吗？确实有可能。因为其中"东方作为光的起源也是生命的起源，而西方作为日落的地方也为死亡的恐怖所笼罩。……"（Ralph Manheim 英译本第 67 页）而海德格尔《存在与时间》里也有类似的段落："日出、日午、日落、午夜。……教堂与墓地分别向着日升和日落设置，那是生与死的场所。……"（北京三联陈嘉映等中译修订本，第 120 页）戈登（Peter E. Gordon）也指出卡西尔在第二卷对神话的研究激起了海德格尔兴趣（见《欧陆的分裂：海德格尔、卡西尔与达沃斯》[*Continental Divide: Heidegger，Cassirer，Davos*，Harvard UP，2010]，p.10），1928 年海德格尔还为此书写了持反对意见的书评。

对达沃斯大多数参加者来说海德格尔代表时代精神，他是真正的哲学家，而卡西尔不过是哲学教授而已。而战后学者们开始反思该事件，对卡西尔的研究也开始重视起来。

斯基德尔斯基说，阿比·瓦堡是尼采和布克哈特的非理性主义继承者，而瓦堡图书馆对卡西尔有重要影响。歌德与瓦堡是理解卡西尔思想的两极。所有德国自由人都把歌德作为榜样和道德导师。梅内克说对歌德的公众阅读是二战后国家再教育的基本形式，他是自由德国失落的英雄。对卡西尔和其他人来说，歌德代表德国的公正与美好，有两个德国：歌德"好的"德国和希特勒"坏的"德国。而托马斯·曼 1939 年在小说《绿蒂在魏玛》中，质疑歌德的伟大人道主义者和自由主义者的地位，怀疑他诗性视野的客观性，而卡西尔回应了托马斯·曼，《人论》正是这一作品。

历史：

《圣本尼迪克特教规》（*The Rule of Saint Benedict*，Edited and translated by Bruce L. Venarde，Dumbarton Oaks Medieval Library，Harvard UP，2011）。

哈佛大学出版社的这套"敦巴顿橡树园中世纪丛书"，上接古希腊罗马的"勒布丛书"，下启文艺复兴的"伊塔蒂丛书"（I Tatti Library）。该丛书里的圣本尼迪克特《教规》大约写于 6 世纪 40 年代，成为基督教修道院传统最重要的文献，在千余年里指导着修道院的生活，对于研究中世纪修道院组织及其生活，有重要意义。圣本尼迪克特鼓励读书、推动读书，特别是其中规定了修士要读《圣经》，如第48章规定："懒惰是灵魂的大敌，所以兄弟们应当在某些季节从事体力劳动，而在某些时刻阅读神圣的书籍。"后来西多会、克吕尼会、奥古斯丁会都参照其规定制定了自己的章程。所以圣本尼迪克特《教规》对促进中世纪修道院的抄书、读书和藏书传统具有决定性意义。尽管圣方济各本人反对会友藏书、读书，而其去世 34 年后，方济各会也通过了读书的章程。

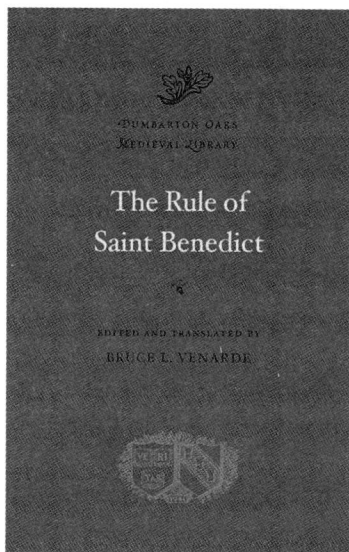

莫尔森（Gary Saul Morson）在"传统与反传统：激进知识分子与俄罗斯古典文学"一文中（见《俄罗斯思想史》[*A History of Russian Thought*，Edited by William Leatherbarrow and Derek Offord，Cambridge UP，2010]，第 7 章），引述了马丁·玛丽娅的话说，用"自我意识"、"批判思想"或道德激情一类联系很难把俄罗斯知识分子归为一个"阶级"，而俄罗斯知识分子的行为准则却给极权主义铺平了道路。一个集团的信念是把一切都视为政治，这使其成为俄罗斯激进意义上的知识分子。莫尔森指

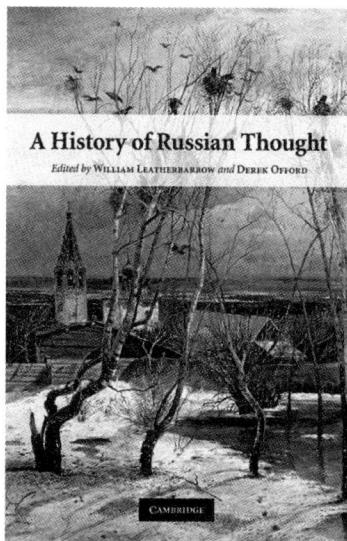

185

出陀思妥耶夫斯基是 19 世纪唯一一位预见到了 20 世纪极权主义这一历史最血腥和残酷现象的思想家。《群魔》里希加廖夫提倡建立一个统一监视制度，以一切平等的名义，淘汰掉"一亿颗人头"，蓄意消灭天才或天赋。韦尔霍文斯基解释说："只有那些有很高才智的人才能达到很高的科学和知识水平，而有很高才智的人却是用不着的……要把他们放逐出去或处以极刑。西塞罗要被割下舌头，哥白尼要被剜下眼睛，莎士比亚要被乱石砸死……完全平等! ……必不可少的只是必不可少的。"（人民文学出版社 1983 年南江译本，第 472—473 页）

而俄罗斯知识分子到了苏联时期，处境和地位就发生了明显变化。菲茨帕特里克（Sheila Fitzpatrick）在《文化前线：俄罗斯革命时期的权力与文化 》（*The Cultural Front: Power and Culture in Revolutionary Russia*，Cornell UP，1992）一书主要谈 35 年里（1917—1953）苏联布尔什维克党与知识分子的关系，起先布尔什维克党获得政权时，跟知识分子矛盾很大，互相死命侮辱对方，他们称知识分子是"资产阶级"，知识分子则把布尔什维克视为沙皇的继承者。在知识分子（大学教授）看来，关键要保护大学的自治以反对国家强加于其上的政治控制的努力。而布尔什维克党认为，关键问题是阶级，"资产阶级"教授试图通过阻碍大量工人阶级学生从高校毕业的手段来阻止高校的民主化。他们矛盾激化，到 1922 年秋，100 ~ 150 位"反苏维埃的律师、文人和教授"被驱逐出苏联，而且他们似乎是从自由知识分子领袖中随机选择的，其中有哲学家弗兰克、别尔嘉耶夫、洛斯基，社会学家索罗金等人。还有一位哲学家被契卡逮捕多次，都因为列宁赏识他宗教的文章才获释，后来流亡国外。

当然党内也有不同声音，如当时的人民教育委员卢那察尔斯基，他的价值观更接近于非党的知识分子观点以及布尔什维克的青年"土耳其人"，后者以俄罗斯无产阶级作家协会和其他好斗的共产党文化组织为代表，他们喜欢建立文化的强制性政治，在学术和艺术各领域建立党和无产阶级统治。其中青年土耳其人的左派，拥有先锋派艺术家如诗人马雅可夫斯基和戏剧导演梅耶霍尔德所认为的革命的艺术和革命的政治有天然的亲缘关系的共同信念。20世纪20年代，这些好斗的青年通过党的温和派如卢那察尔斯基来获得对文化日常工作的控制权。他们到20年代末期成功做到了这一点，特别是当文化革命如花如荼、登峰造极之时。

虽然党和知识分子在文化前线进行着斗争，但他们彼此间有更多相似性。尽管党称自己完全是无产阶级的，但其早期的所有成员都来自知识分子，而俄罗斯知识分子有着长期激进与革命的传统，更重要的是他们彼此都是苏联社会的精英团体，这也辩证地说明：如果文化是精英，权力就必定是输家；如果权力是精英的话，那文化必是其臣仆。而对知识分子来说，布尔什维克是苏联社会新的特权和上层阶级，尽管党保持低调，这个"最大化的党"刻意在20世纪20年代让干部的薪资水平在教授之下。而对布尔什维克来说，知识分子在旧制度下是一个占有很高社会、经济地位的精英，并且试图在苏维埃权力下继续保有这些优越性。通过二者间复杂的关系就可以理解当时的历史了。因为20年代没有"资产阶级专家"的合作，苏维埃制度就不可能生存下来，列宁特别指明了这一点。

而在文化革命期间，好斗的文化革命组织对二者之间的关系作了新的解读。那就是资产阶级专家试图挤进党的工作日程，因为他们比在他们手下工作的党员知道得多。专家们已经损害了苏维埃经济并攫取了苏维埃权力，资产阶级对文化的统治也要被推翻。新的无产阶级知识分子，兼具专业和政治忠诚性，要被训练出来代替资产阶级、反革命的破坏分子。而具有讽刺意味的是，俄罗斯知识分子对于党和第一个五年计划前夕制度的集体态度比以前更为实际，因为党显然正准备开始经济和文化的现代化进程，建设为大多数知识分子所认可的强盛国家。

这样文化革命在 1928—1929 年出人意料的开始，让权力和文化的矛盾达到顶峰。很多知识分子被攻击、被侮辱、被迫离开工作岗位，有些甚至被逮捕。他们发现已经无法有效回击了，很多人似乎已经被吓得不敢尝试了。内战期间一种无权的脆弱感又回来了。这时威胁与身体相比更多是心理上的，因为受害者感到痛苦和惊讶的是苏维埃制度根本不承认其忠诚性，让知识分子感到更大的屈辱。因而他们发展出个人保护的新技术，以讨好权力。文化革命代表了苏联社会与政治"谁打倒谁"（Kto kogo?）的高潮，无产阶级"权力"和资产阶级"文化"卷入一场致命的战斗。

有的西方学者还在研究苏联这场文化革命与中国的"文化大革命"的相同点与不同点，因为其时间不过短短几年（1928—1932），而老知识分子很少被送出城到新地点（如在中国被关进牛棚）或在乡下教书，他们也很少大批被捕或被关进劳动营。而且文化革命一结束，他们又恢复了以前的地位。老教授又获得了以前的权威，科学领导工作又回到了科学院。但也有例外，如著名思想家弗洛伦斯基（Pavel Florensky）1928 年被流放，后来因高尔基夫人的斡旋，被允许回到莫斯科，而 1933 年再次被捕，被判在西伯利亚服10 年徒刑，最后于 1937 年 12 月被秘密处决。

相同点也不少，这个反官僚主义运动的发起者是共青团，成员年龄在14 ~ 23 岁之间，其行为和中国的红卫兵很像。斯大林在 1928 年支持他们攻击官僚主义，和 60 年代中国毛泽东对红卫兵的态度是一样的。但仅仅把其当作斯大林利用的工具，也未免简单化。而其反官僚的热情被党的领导所疑虑，因为它倾向于支持党的反对派，并指责"官僚堕落"的领导。后来到1931 年斯大林又代表官方出面终止了这场文化革命。

这个 30 年代开始的文化革命打击了知识分子，而另一波 1937—1938年的大清洗更加打击了知识分子。第一时期让知识分子感到震撼、侮辱、怯懦，尽管持续了几年的打击和随后被集体恢复了名誉。而第二时期与其

188

说知识分子，不如说是共产党精英承受了沉重的打击，当然知识分子也遭受了实质的损失。一方面他们知道自己的无权、屈辱，这种现实性主导了半个多世纪俄罗斯知识分子的意识；另一方面他们从未失去文化革命后恢复并获得的经济与社会地位的特权。而斯大林时期，文化政策合法化的发展，并非通过党的教导或党领导人的声明，而是通过非党人士文化权威的指引，如文学界的高尔基，艺术界的斯坦尼斯拉夫斯基，科学界的巴甫洛夫，教育界的马卡连柯，还有李森科等人。巴甫洛夫一直持反共立场，他尖锐地批评制度的压迫、教条，对宗教的迫害。而到他生命最后几年，特别是1933年德国纳粹掌权后，他才改变口气，赞扬党的成就，特别是对科学的支持。而苏维埃政治文化的清教主义倾向愈加明显，他们反现代主义和反西方主义，作曲家肖斯塔科维奇等人就首当其冲，指责其为形式主义以及被爵士乐和流行音乐所蛊惑。1936年的"麦克白夫人事件"代表了苏联文化生活的政治化结果。

斯大林把知识分子和工人阶级、农民列为苏联社会三大基础成分，尽管他说三个集团拥有平等权利，但知识分子明显处于顶端。而且知识分子的范围比以前更广了，它不但包括新老知识分子，也包括共产党整个领导和管理的干部群体，这样斯大林和政治局成员都成了知识分子的官方代表。知识分子无疑成为苏联精英的同义词。斯大林时期知识分子作为被打击和羞辱的对象，他们之间"谁打倒谁"斗争的结果并不明晰：知识分子在这一过程中失去了自由和自尊，但却赢得了文化战争。共产党在其与文化相关方面失去了自信，尽管其赢得了权力战争。可以说双方都同意称党为最后的胜利者。

自从索尔仁尼琴《古拉格群岛》出版以来，西方出了不少受害者回忆录，如金斯堡、沙拉莫夫人等，其中最著名的就是诗人曼德尔斯塔姆夫人的两部回忆录。而莫库尔斯基（Fyodor Mochulsky）这本回忆录《古拉格的老板：苏联回忆录》（*Gulag Boss: A Soviet Memoir*，trans. Deborah Kaple，Oxford UP，2011），却是唯一一本从古拉格雇员角度写的，他 1940 年到 1946 年曾经当过两所靠近乌拉尔山劳动营的管理者，所以对其中运作、囚犯的管理以及看守者的心态着墨颇多。他的故事让我们反思一个"普通人"如何参与到这个极端作恶的行动中的。莫库尔斯基的心态是把自己定位于"坏人中的好人"。他 1940 年到位于波库拉河畔的波库拉格集中营，没过多久，就有一位夜间守卫忍受不了眼前所看到的一切而上吊自杀了。他代管另一个集中营时，得知这个单位的老板一回来就被送去当了囚徒，管理者和囚徒看来只有一步之隔。他亲眼看到大批囚徒的死亡，一幕幕悲惨的场景在这里司空见惯。

他持一种开明的态度，和叛乱的囚犯谈判，满足他们更换厨师的要求。而在第 24 章，他写了一位波库拉格集中营的女人，以前是商店的收银员，因为想买一件东西，可身上没带够钱，就先拿了收银台的 100 卢布，想明天再还回来。因此被抓，被判在古拉格服刑 3 年。她长得很漂亮，可能是为了获得更好待遇，因而多次诱惑他这位还没成家的领导，都被他拒绝了。而这个女人后来和他一个好朋友，在克格勃工作的鲍里斯好上了。到 40 年代末，她才和丈夫离开古拉格。

莫库尔斯基的回忆录从不同角度对古拉格提供了一份真实的历史记录。

现在研究者对苏联建立古拉格的目的，分歧很大，没有定论。有经济、政治、意识形态等不同的说法。对于古拉格的起源、功能和机构的全面介绍，可参考巴恩斯（Steven A. Barnes）的新作《死亡与改造：古拉格与苏联社会的形成》（*Death and Redemption: The Gulag and the Shaping of Soviet Society*，Princeton UP，2011）。

社会问题

克拉诺（Carl F. Cranor）教授的《合法中毒：法律如何让我们处于中毒的危险境地》（*Legally Poisoned: How The Law puts us at risk from Toxicants*, Harvard UP, 2011）一书用丰富的事例和个案讲述了我们日常生活中到处充斥着工业化学品和有毒物，可谓触目惊心，而法律却严重滞后，很难发挥保护公众健康的作用。

喝塑料杯中的水或苏打，吃罐装食品，你就吸收了双酚 A。当你用化妆品或护肤液时，你就通过皮肤吸收了铅、邻苯二甲酸盐等其他物质。邻苯二甲酸盐会进入子宫，可以在羊水中发现。儿童身体会比成人过早成熟。邻苯二甲酸盐会促进乳房过早发育，使男性出现女性化、不育、睾丸未降等症状。而铅是烈性神经毒，会对学习、智力和行为造成不利影响。而你用不粘的煎锅准备午餐时，你就暴露在聚四氟乙烯的全氟化合物里。美国百分之九十八的人口都暴露在这些物质之下。全氟化合物会在你身体里存留十多年，而在环境中会更长。本来认为全氟化合物会在上百年里保持稳定，而最近研究表明，它分解得更快，并释放有毒的副产品。它们会影响神经系统发育，并是一种致癌物。

我们的长沙发、椅子、地毯垫、帘子、汽车座椅、电视、电脑，其中都有溴化阻燃剂。我们天天和它们接触，很少了解它对健康的影响，因为它们合法地用于商业化而未经毒性试验。最近研究表明溴化阻燃剂会延缓儿童神经系统发育，并让生殖系统推迟怀孕。

可以说这些工业化合物对我们有很大的毒副作用，可谓危险无处不在。而我们大部分人对此一无所知，而并非故意让有毒物进入我们的身体。即便我们设法避开，可它们仍然会侵入我们的肌体。而我们的法律和机构却允许我们受有毒物质污染，让我们增加患病的危险。

很多人相信公共卫生部门会保护他们免于中毒，而实际上这些部门对此不过负道德义务而已。他们相信大多数公共卫生法律在产品对公众露面前，会要求产品测试，然后评估检测结果和产品的有毒危险，就像食品和药品管理部门要求检测和评估药品一样。不幸而可悲的是，他们大错特错。实际上大多数物质都是"上市后法律"的对象。这些法律并不要求工业化合物上市前公共卫生组织对其进行毒性检测。因此在这样的法律监管下的物质并不必然可以避险，尤其是对于我们中间的大多数生物敏感者来说。

这种上市后的法律，完全是粗心大意，并允许公司对儿童和成人不负责任。

作者说他在书里提供的信息会让人不安、沮丧，不会让人有很好的心理反应。无论最初反应如何，这个故事必须多方面去了解。我们知道公司会把化合物放入产品里而不检测它们是否有害我们的健康，因此成人和儿童都成为有毒产品的试验对象。作者在第 5 章"不负责任的国家：现存法律如何无法保护儿童"里提出：

一、公司不会提供有害其产品的资料。

二、公司会使人们对他人的科学产生怀疑。

三、公司会在制定规章前提倡一个很高的检验标准。

四、公司会要求多个证据来源。

五、公司有时会采取不名誉的手段与策略。

有鉴于此，作者提出需要修改我们的法律，通过"上市前法律"监管，对药品、食品添加剂和农药进行销售前毒性检测，看其是否符合健康标准。并在第 6 章和第 7 章对如何减少有毒化合物的入侵，提出了上市前检测、现有监管法规的修改，以及公共卫生政策制定等建设性建议。

编者后记

以书求真，以文会友，这便是《启真》的基本宗旨。

"启真馆"成立数年来，素以学术之进步、思想之传播、情操之陶冶为己任。借《启真》一角，每年不定期出版二到三册，若能引海内外作者，会聚一堂，高谈阔论，阐细释微，或有益于消解戾气，用开放的心灵迎接知识爆炸与互联时代的挑战，以批判性的眼光分析与解读知识，从制度与历史的角度辨识现实之源流。

具体而言，无论是古典问题（无论中西）的现代诠释，当代问题的真实求解，文化艺术现象的批判性分析，以及好读书，并每有会意的心得体会，我们均欢迎之，字数长短均可，只求言之有物，视角独特，免经院之佶屈聱牙，视真诚与求是为宗。在资讯泛滥的今日，阅读对于理解社会与自我，仍具无可替代之重要性，我们愿以不计成败之心，努力前行，探索未知、寻求新识。

在《启真 2》中，毛亮先生的"爱默森的个人主义"一文最为厚重。爱默森是美国文明在 19 世纪试图摆脱欧洲影响，构建本土文化意识的关键人物之一，他在众多演讲和随笔中所阐释的自立、自助、崇尚自然等观念已经深入美国人民的心灵，他认为个人主义应该成为改变社会，完善美国民主制度的公共哲学。文章关注爱默森个人主义思想的内在分裂，并认为它正来源于民主制度中自由与平等的内在矛盾。民主在本质上是一种工具和生活方式，如果没有精神维度的凝结与号召，它是无法持续与演进的。

韦森教授近年来致力于释读 20 世纪经济学经典，他在《华尔街日报》发表了一系列"重读哈耶克"的文章，旨在从源头疏理当代经济政策的理论根源，这当然是带着很强的现实关怀。在《哈耶克与凯恩斯经济理论的分岔处》一文中，韦森教授重温了"20 世纪 30 年代哈耶克与凯恩斯之间有关货币、利息、信用、资本形成和商业周期发生机理的大论战"。韦森教授认为，哈耶克与凯恩斯的货币经济思想都来源于魏克赛尔的理论，其中最关键的便是"自然利率"，也就是均衡状态下的利率。凯恩斯将这个略带含混的自然利率概念定义为储蓄与投资相等时的利率。当投资与储蓄背离时，人们便可通过调节利率，以影响投资率，从而恢复经济的稳定发展。而哈耶克则认为，没有货币因素扰乱下的利率便是自然利率，因此人为的货币政策只会错误地配置资源，从而造成新的经济危机。

哈耶克与凯恩斯的理论分歧更多地在于理念上的不同，而非对概念的解读差异。这当中涉及现代社会中的政府定位、社会科学的精确性等问题。某种程度上，哈耶克与凯恩斯正代表着左右现代公共政策定位的两大主流思潮，而其相对影响力则随着经济形势的变化而沉浮。

关于中国模式的讨论与著作是近年来的一大热点，这当然是源于中国经济的高速发展及世界经济格局的调整。中国经济的体量与辐射力已经足以影响世界。从非洲到南美再到大洋洲，各国无不感受到中国经济对它们的牵引与影响。而从政治到经济的各个方面，乃致于消费者行为，中国显然有许多与西方国家不同之处。然而，我们能否从中判断说，中国形成了与已有历史经验不同的发展模式？李华芳在《欲辨已忘言：中国模式的争议》一文中对市面上关于中国模式的诸多流行观点作了批判性的分析。文章的分析与观点清楚利落，在此不必重复。编者的理解是，如果从生活习性、个人权利的边界、人们对政府的期望、政府与社会的关系、公共政策的形成途径等角度来观察，中国当然与西方社会有着很大的不同。这些差异恐怕再过100年也不会消除，正如当代日本在这些方面与欧美也有非常大的不同。就生活方式而言，这个世界本来就应有多元的选择，归于一统才是可笑的。可当我们称中国模式的时候，应该指的是一种可剥离、可复制、可操作的运行体系或概念，一套与当代西方国家不同的经济发展方式与政府治理体系。在这方面，当代中国与西方最大的不同似乎在于政治对经济的影响程度及方式。这种差异是否能构成真正意义上的模式，时间自然会给我们答案。在这方面，历史的确是由胜者书写的。